S. E. Wiesental

Inkasso... aber bitte keine weiteren Katastrophen

Ein Ratgeber

www.tredition.de

© 2015 S.E. Wiesental

Umschlag, Illustration: tredition Vorlage, S.E. Wiesental

Verlag und Druck: tredition GmbH,
Halenreie 40-44, 22359 Hamburg

ISBN
Paperback 978-3-7439-0869-7
e-Book 978-3-7439-0870-3

Inhalt

Einleitung

Aufgrund meiner über fünfzehn Jahre langen Erfahrung im Inkassogeschäft habe ich mich nach reiflicher Überlegung und intensiver Beratung mit ehemaligen Kollegen dazu entschieden, Arbeitsweise und -praktiken eines der großen Inkassounternehmen festzuhalten. Diese Aufzeichnungen sollen vor allem der Aufklärung von Ihnen, meinen Lesern, dienen, damit möglichst <u>allen</u> Betroffenen ein breites Spektrum an hilfreichen Informationen zum Thema „Inkasso" vermittelt werden kann.

Im ersten Kapitel soll vor allem klargestellt werden, dass sollten Sie direkt betroffen und damit ein „Schuldner" sein, Sie durchaus Rechte (allerdings auch Pflichten) haben. Inkasso bedeutet niemals, dass wir uns in einem rechtsfreien Raum befinden, sondern muss nach gesetzlichen Grundlagen bearbeitet werden. Im Folgenden werde ich aufgrund der als Ratgeber gedachten Funktion dieses Buches von Ihnen, den Lesern, als direkt Betroffene ausgehen.

Ich möchte Ihnen dabei helfen, zu verstehen, dass Sie durchaus berechtigt sind Inkassolösungen und -

verfahren zu hinterfragen. Handelt es sich bei den zu bereinigenden Schulden um Ihre eigenen, könnte man es sogar als Ihre Pflicht bezeichnen. Nur indem Sie die Vorschläge die Ihnen gemacht werden verstehen, wird es Ihnen langfristig möglich sein, offene Forderungen auszugleichen. Verständnis, so hoffe ich, kann auch in diesem Zusammenhang gemachte Fehler und damit weitere Inkassoverfahren in Zukunft vermeiden.

Die Voraussetzung dafür kann nur sein, dass alles was Ihnen vorgeschlagen wird nach den geltenden Gesetzen geregelt wurde und natürlich, dass es für Sie ersichtlich ist, welche geeigneten Maßnahmen speziell auf die Lösung Ihrer Probleme ausgearbeitet wurden. Selbstverständlich empfehle ich auch immer zusätzlich die Kontaktaufnahme zu Schuldenberatern, Sozialverbänden und wenn möglich auch zu einem entsprechenden Fachanwalt. Ich werde versuchen mit Hilfe meines in langjähriger Erfahrung erlangten Fachwissens für die vielen Betroffenen mehr Transparenz in dieses schwierige Thema zu bringen. Ich hoffe, dass es für <u>Sie</u> ein nützlicher Ratgeber sein kann.

Im zweiten Kapitel gehe ich, zugegeben in autobiographischer Form, auf die Arbeitsweise eines „renommierten" Inkassounternehmens genauer ein. Dies soll natürlich zum Verständnis der Hintergründe für Betroffene beitragen. Allerdings ist es auch meine Hoffnung, dass es auch als Anstoß für Mitarbeiter eines Inkassounternehmens dient, sich den Mut zu fassen, um überzogene Maßnahmen in der Betreibung von offenen Forderungen zu durchbrechen und sich die nötige Ehrlichkeit und Integrität zu erhalten, um diese schwierige Aufgabe zu bewältigen.

Ihnen allen wünsche ich hilfreiche, aufschlussreiche Erkenntnisse, gutes Gelingen und viel Erfolg bei der Lösung von „finanziellen Schwierigkeiten".

Kapitel 1: Hilfestellung für Betroffene

Sie haben als „Schuldner" selbstverständlich Rechte, aber natürlich müssen auch die Pflichten, die man an Sie herantragen wird, besprochen werden. Ich werde versuchen Ihnen im Folgenden so viel Hintergrundwissen wie möglich an die Hand zu geben, damit es für Sie leichter wird, Ihre Pflichten und Ihre Rechte in dieser schwierigen und umfangreichen Problematik zu verstehen und zu unterscheiden.

Darüber hinaus ist die Inanspruchnahme von Schuldenberatern, die sowohl bei den Sozialverbänden, als auch den Diakonischen Werken und den jeweils staatlichen/städtischen und kommunalen Stellen zu finden sind, immer hilfreich. Dazu finden Sie ebenfalls Informationen. Regional unterschiedlich (häufig aber nur in Großstädten präsent), ist auch eine kostenfreie Information bei den Verbraucherzentralen möglich. Dort werden meist sehr gute Tipps und Hilfestellung angeboten. Für die bis hierher aufgeführten Anlaufstellen gilt: sie bieten kostenfreie Hilfe.

Des Weiteren gibt es sehr gute Fachanwälte, die sich auf Schuldenberatung spezialisiert haben (Adressen und Infos können Sie bei der zuständigen Rechtsanwaltskammer erfragen). Bei komplizierten Vorgängen, wie z.B. bei

Selbstständigen, würde ich gern zum Anwalt raten, aber natürlich ist dieser Gang mit weiteren Kosten verbunden und damit für viele Betroffene nicht mehr realisierbar.

Bei Insolvenzen ist in jedem Fall das jeweilige Amtsgericht zuständig, die häufig auch kostenlose Erstberatungen anbieten; bitte erkundigen Sie sich vorab telefonisch.

1.1 Welche rechtlichen Befugnisse hat ein Inkasso-Unternehmen gegenüber dem Schuldner?

Sehen wir uns die Rechte an und was sie für Sie als Schuldner bedeuten:

- Nachdem Rechnungen auch nicht nach mehrmaligen Zahlungserinnerungen und Mahnungen bezahlt werden, kann der Gläubiger eine Inkassogesellschaft mit der „Betreibung" der offenen Forderung beauftragen.

- Es ist ebenfalls legitim, dass Inkassounternehmen Gebühren erheben, allerdings muss die Höhe der Gebühren transparent sein und sich nach den gesetzlichen Vorgaben richten, so dass auf jeden Fall Wucherzinsen ausgeschlossen werden können.

- Das Inkassounternehmen ist berechtigt – nach letzter Fristsetzung – einen Mahnbescheid über die offene Summe bei Gericht zu erwirken und die dabei entstehenden Zusatzkosten ebenfalls dem Schuldner in Rechnung zu stellen.

- Wenn die Widerspruchsfrist des Mahnbescheids (4 Wochen nach Zustellung), abgelaufen ist, dem Mahnbescheid weder widersprochen, noch dieser bezahlt wurde, kann das Inkassounternehmen bei Gericht einen Vollstreckungsbescheid erwirken.

Die ohnehin schon erheblich verteuerte Hauptforderung wird sich dadurch nochmals extrem erhöhen, außerdem wird dieser nach Ablauf einer Frist von 2 Wochen „tituliert", d.h. ab einer sog. „Titulierung", ist der Schuldner 30 Jahre an diese Schuld gebunden, mit allen Kosten, Zinsen und allen gerichtlichen Schwierigkeiten die damit verbunden sind, wie z.b. Pfändungen dürfen auf Wunsch des Gläubigers veranlasst werden.

Wenn irgend möglich, versuchen sie diese Form der „Schulden" unbedingt zu vermeiden, denn das „Leben" mit einem oder mehreren titulierten Forderungen verliert, glauben Sie mir, jegliche Lebensqualität. Regelmäßigen „Besuch" von Inkasso-Mitarbeitern und Gerichtsvollziehern zu bekommen ist sicher keine Bereicherung. Außerdem steigen die Kosten meist ins Unermessliche, denn jede Inkassoleistung, so auch die Gebühren für den Gerichtsvollzieher, werden im hohen Maß dem Schuldner berechnet.

-   Eine ebenfalls häufige (wenn auch legitime) Form, den Betroffenen noch mehr Schwierigkeiten zu machen, ist es die offene Forderung in die Schufa (das Register für säumige Zahler) eintragen zu lassen. Sowohl für Privatpersonen, als auch für Geschäftsleute, ist dies dann meistens das „Ende der Kreditwürdigkeit". Ein Dispositionskredit wird oft aufgekündigt. Es gibt dann für Sie keine Finanzierungsgeschäfte mehr: möchten Sie z.B. ein Auto finanzieren, so hat jede Bank Zugang zum Schufa-Register und ist berechtigt, aufgrund eines negativen Eintrages, die Finanzierung zu verweigern.

Problematisch wird ein Eintrag auch dann, wenn Sie sich auf Wohnungssuche befinden. Sehr viele Makler arbeiten heute nur mit „Schufa geprüfter Klientel", um für den Vermieter den passenden Mieter zu suchen und so diese auch vor sog. Mietnomaden besser schützen zu können. Da bezahlbarer Wohnraum immer knapper wird, wäre es auch hier hilfreich, wenn Sie als „schufafrei" gelten und damit nicht noch zusätzliche Schwierigkeiten zu der finanziellen Problematik bekommen.

Ein Schufa-Eintrag vermittelt „Jedem", dass Sie Zahlungsschwierigkeiten haben oder hatten, da ein Eintrag auch nach der Begleichung Ihrer Schulden noch bis zu 3 Jahre im Register stehen bleibt. Des Weiteren müssen Sie sich selbst um die Löschung einer eingetragenen Schuld kümmern. Es gibt keinen Automatismus nach Ablauf der 3 Jahresfrist. Also: Bleiben Sie dran und kümmern Sie sich unbedingt um Ihre Einträge und gegebenenfalls um nötige Löschungen!

- Auch das Thema „Pfändungen" ist in jedem Fall mehr als unerfreulich. Titulierte Forderungen berechtigen den Gläubiger mit der „ganzen Härte" des Gesetzes gegen Sie vorzugehen, d.h. das Inkassounternehmen kann auf Wunsch des Gläubigers eine Lohnabtretung bei Ihrem Arbeitgeber versuchen. Auch der Gerichtsvollzieher kann beauftragt werden, um eine Pfändung durchzuführen.

Nicht zu vergessen die Kontopfändung, die häufig den Verlust des Girokontos zur Folge hat, wenn auch vielleicht nicht sofort beim ersten Pfändungsversuch. Allerdings würde ich mich nicht auf die Toleranz der Banken verlassen, ungeachtet welches Kreditinstitut es namentlich ist; die Verfahrensweise ist sicher bei jeder Bank gleichermaßen unerfreulich.

Viele Arbeitgeber möchten heute Auskunft vom Bewerber, ob eventuell mit Lohnpfändungen zu rechnen ist. Nachdem Bewerbungsunterlagen wahrheitsgetreu ausgefüllt werden müssen, kann sich jeder vorstellen, wie die Chancen auf eine Arbeit stehen, wenn man die Frage nach einer möglichen Lohnpfändung mit „Ja" beantworten muss. Bitte versuchen Sie diese erst gar nicht zu verschweigen, denn sollte es dazu kommen, ist der Arbeitgeber ohnehin aufgrund falscher Angaben zu einer fristlosen Kündigung berechtigt. Im schlimmsten Fall könnte dies sogar mit einer Anzeige belegt werden, wegen vorsätzlichen Falschangaben.

All die unerfreulichen Maßnahmen zu diesem Thema sollen Sie darauf aufmerksam machen, die rechtlichen Befugnisse eines Inkassounternehmens nicht zu unterschätzen, bzw. die Vorgehensweise nicht auf die leichte Schulter zu nehmen, denn vergessen Sie nicht: Es sind Ihre Schwierigkeiten, Ihre Kreditwürdigkeit und unter Umständen auch Ihr Arbeitsplatzverlust.

Manchmal schwer vermittelbar, aber auch die Mitarbeiter eines Inkasso-Unternehmens machen nur ihren Job. Selbstverständlich muss dies im Rahmen des gesetzlich vertretbaren sein.

1.2 Was kann ich als Betroffener selbst tun? Meine Rechte und Pflichten.

Im vorhergehenden Kapitel habe ich die rechtlichen Möglichkeiten eines Inkassounternehmens aufgezeigt; in diesem Kapitel befassen wir uns mit IHREN Rechten aber auch Pflichten um an der Lösung ihrer Schuldenprobleme mitzuarbeiten, bzw. diese zu reduzieren, oder an der Schadensbegrenzung mitzuwirken.

Fangen wir an mit einem Thema, das Ihnen wahrscheinlich sehr banal vorkommt, es ist aber nicht zu unterschätzen – es lautet:

<u>Ordnung in Ihren Unterlagen!</u>

Generell ist es natürlich hilfreich in allen Papieren eine gewisse Grundordnung zu haben. Noch wichtiger bzw. unerlässlich ist es bei offenen Rechnungen/Forderungen. Ich/Wir (auch die Schuldenberatungsstellen), sind häufig in der Situation, Vorgänge nicht bis an den Anfang zurückverfolgen zu können, da bei vielen Betroffenen (leider) durch Frust oder Angst vor immer mehr unerfreulicher Post, wie den „gelben Briefen" usw. der Überblick verloren geht. Der tägliche Gang zum Briefkasten wird für viele zum Alptraum. Als Resultat werden häufig Briefe gar nicht mehr geöffnet oder zum Teil sogar ungeöffnet weggeworfen.

Ich gebe Ihnen den dringenden Rat, bzw. appelliere an Sie, tun Sie dies nicht, in Ihrem eigenen Interesse! Helfen Sie dabei, die Situation zu verbessern, indem vor allem Vollständigkeit, Ordnung und Transparenz in Ihren Unterlagen herrscht.

Viele werden jetzt sagen, das sei doch selbstverständlich! Meine 15-jährige Erfahrung hat jedoch gezeigt: nein, leider ist es das nicht.

Viele Betroffene haben über Jahre mehrere Schuldenprobleme „angehäuft" und damit Schriftverkehr meist von vielen verschiedenen Instanzen. Erstmal kommen die Zahlungserinnerungen von der Stelle, wo eine Rechnung nicht bezahlt wurde. Danach folgen Mahnungen, des jeweiligen Unternehmens. Die Folge davon ist der Beginn der meist nicht „zimperlichen Korrespondenz" mit den Inkassounternehmen. Resultierend Mahnbescheide, Vollstreckungsbescheide, Titulierungen, weitere Post vom zuständigen Amtsgericht und zu guter Letzt auch die erfreulichen Infos vom Gerichtsvollzieher.

Nicht selten zieht sich diese Art der Korrespondenz über viele Jahre hin, mit immer wieder neuen Aufforderungen und Drohungen. Ebenfalls nicht selten passiert dann genau das, was ich Eingangs geschildert habe. Man hat den Überblick verloren, Schriftstücke sind „verschwunden" und für uns, die dann versuchen Lösungsvorschläge zu erarbeiten, erschwert sich die Arbeit um ein Vielfaches. Es kommt sogar soweit, dass wir „Altforderungen" schwer oder nicht mehr zurückverfolgen können.

Natürlich werden sich jetzt Einige empören „so etwas würde mir nie passieren", aber ich bin mir aufgrund meiner langjährigen Erfahrung sicher, dass wiederum Einige sich durchaus im Geschilderten wiedererkennen. Ich möchte niemandem zu nahetreten und schon gar nicht mit Vorwürfen an irgendjemanden herantreten, aber das Thema „Schulden" ist zu ernst und zu komplex, als, dass wir es bagatellisieren oder Dinge die einfach immer wieder passieren „kleinreden" sollten.

Stellen Sie sich einfach vor, was das für alle bedeutet, die damit betraut werden, eine Prioritätenliste zu erstellen, indem alle Schulden schriftlich fixiert werden, um festzustellen, was als erstes bearbeitet werden muss, d.h. die wichtigste „offene Forderung" und dann nacheinander festzulegen, wie mit Vernunft vorgegangen wird. Und dann können wichtige Vorgänge nicht bearbeitet werden, weil Chaos in den Unterlagen herrscht. Ich denke auf weitere Unzulänglichkeiten muss ich in diesem Fall nicht eingehen. Jeder wird verstehen was damit gemeint ist, wenn ich sage: bitte Ordnung halten!

Vor allem sortieren Sie bitte Ihre Unterlagen – soweit eben möglich – bevor Sie zu einer Schuldenberatungsstelle gehen, denn die Sachbearbeiter vor Ort stoßen eben durch einen Mangel an Ordnung auch häufig verständlicherweise an ihre Grenzen. Auch ein „Verhandeln" mit Ihren Gläubigern, Banken, Gerichtsvollziehern und möglicherweise auch mit dem zuständigen Gericht, kann nur dann positiv erledigt werden, wenn der Sachbearbeiter Ihre volle Unterstützung erhält und außerdem Transparenz in Ihren Unterlagen herrscht.

Deshalb: Zeigen Sie sich kooperativ. Es ist sicher oft schwierig und gleichzeitig traurig Schulden zu „verwalten".

Sie tun sich selbst den größten Gefallen, wenn Sie nach dieser Liste sortieren:

- Nach Gläubigern: Name, Adresse, Rechnungsanschrift

- Innerhalb des jeweiligen Gläubigers: nach Datum (Jahr/Monat). Daraus ist zu ersehen, wie die Ursprungsforderung im Lauf der Zeit gewachsen ist.
- Zahlungserinnerungen zu der jeweiligen offenen Forderung und Gläubiger
- Mahnungen ebenso
- Inkassoschreiben nicht wegwerfen, auch zu dem Ursprungsgläubiger heften
- Mahnbescheide
- Vollstreckungsbescheide – Vollstreckungstitel
- Schriftverkehr mit Banken – z.b. Androhungen von Kontoschließungen etc.
- Schriftstücke von Gerichtsvollziehern
- Gerichtsbeschlüsse
- Sonstiger Schriftverkehr mit Behörden und Ämtern z.B. Jugendamt wegen ausstehenden Unterhaltsforderungen
- und nicht zu vergessen, jeglichen Schriftverkehr mit Arbeitsamt oder den Argen, denn nicht jeder Bescheid ist richtig berechnet und muss u.U. korrigiert werden.
- Bei Ratenzahlungen jeden Konto- bzw. Überweisungsträger als Nachweis aufheben um gegebenenfalls falschen Bescheiden von Gläubigern oder auch Inkassounternehmen sofort wiedersprechen zu können.

Es ist ein harter „Job", aber ich verspreche Ihnen: wenn Sie alles geordnet haben und eine Struktur für das weitere Handling gelegt ist, wird es Ihnen definitiv schon ein Stück besser gehen. Dieses wurde mir immer und immer wieder erzählt, dass das Ende des Chaos einem das Gefühl gibt, auch die folgenden Schwierigkeiten in Sachen Schuldenbereinigung zu meistern.

Nachdem ich Ihnen als Einstieg ein großes schweres Pflichtprogramm auferlegt habe, kommen wir jetzt zu Ihren Rechten, die Sie kennen und natürlich wahrnehmen sollten.

Beginnen wir mit dem Thema Telefoninkasso. Die unerfreulichen Anrufe sind legitim nur das WIE ist häufig fragwürdig. Sollten Sie aufgrund offener Rechnungen von Inkassofirmen angerufen werden und diese Sie bedrohen, sind Sie nicht verpflichtet dieses Gespräch zu führen.

Die Telefonnummer muss sichtbar sein, wie bei jedem anderen Callcenter auch, fragen Sie nach dem Namen des Gesprächspartners, denn meistens wird dieser nicht genannt, auch nicht auf Nachfragen.

Mit anonymen Gesprächspartnern die drohen, oder versuchen Sie in welcher Form auch immer einzuschüchtern, müssen Sie sich nicht unterhalten. Legen Sie auf.

Reagieren sie nicht auf anonymisierte Nummern.

Spät abends so wurde mir häufig erzählt, (gegen 20:30 oder später), müssen Sie keine Telefonate mit Telefoninkassofirmen führen, hilfreich hier natürlich ein Anrufbeantworter, denn mit Sicherheit werden Sie <u>keine</u> Nachricht derselben auf Ihrem AB haben.

Ich überlasse es Ihrem „Fingerspitzengefühl" inwieweit Sie bereit sind ein telefonisches Inkassogespräch zu führen; verpflichtet sind Sie dazu nicht. Sollte der Anrufer sich ordnungsgemäß vorstellen und einen vernünftigen „Dialog" mit Ihnen führen, vielleicht bereits Lösungsvorschläge parat haben, können Sie sich selbstverständlich auf das Gespräch einlassen. Ansonsten wie erwähnt, Drohungen oder persönliche Beleidigungen usw. sind weder zulässig, noch müssen Sie sich diesen aussetzen.

Leider sind Ihre Schulden „passiert" und müssen geregelt bzw. bezahlt werden, der damit verbundene Ärger meist unvermeidlich, allerdings gibt es zwischen Dingen die in diesem Zusammenhang geregelt werden müssen und Bedrohungen gravierende Unterschiede.

Sollten Sie zuhause „Besuch" von einem Inkassomitarbeiter bekommen, der unangemeldet vor Ihrer Tür steht, haben Sie das Recht (eigentlich auch die Pflicht), seinen Dienstausweis zu verlangen. Des Weiteren ist er/sie verpflichtet sich namentlich vorzustellen, Ihnen mitzuteilen von welchem Unternehmen er kommt und natürlich um welche offene Forderung es sich handelt. Sollte der Mitarbeiter dies nicht von sich aus tun fragen Sie danach. Lassen Sie sich seine Legitimation zeigen und den Auftrag weswegen er gekommen ist. Sollte das Auftreten eines Inkassomitarbeiters zu wünschen übrig lassen, sind Sie nicht verpflichtet ihn einzulassen; ein sehr entscheidender Unterschied zum Gerichtsvollzieher.

Wenn Ihnen der „jetzige Termin" Probleme bereitet (weil Sie vielleicht einen Arzttermin haben o.ä.), sonst aber der „Auftritt" des Inkasso-Mitarbeiters korrekt war, dann vereinbaren Sie doch einen Termin der besser passt, selbstverständlich sollten Sie diesen dann auch einhalten.

Natürlich möchte ich gern „eine Lanze" zugunsten von Inkasso-Mitarbeitern in seriös arbeitenden Unternehmen brechen. Nicht, dass der Eindruck entsteht jeder Mitarbeiter im Außendienst eines Inkassounternehmens hat ein respektloses Auftreten. Vielmehr bin ich der Meinung, dass gut ausgebildete Fachkräfte, Ihnen mit profundem Wissen zur Seite stehen können und zusammen mit Ihnen brauchbare Lösungen erarbeiten.

Auch hier gebe ich ihnen gern meine Erfahrungswerte an die Hand. Die Mehrheit meiner Kollegen hat erfolgreich mit Betroffenen zusammengearbeitet und viele „Schuldenprobleme" wurden positiv gelöst. Auch hier haben die Jahre an Inkassoerfahrung gezeigt, dass ein gutes menschliches Miteinander, Respekt und Sachkenntnis zu guten Ergebnissen geführt haben. Sowohl ich, als auch meine ehemaligen Kollegen konnten auf eine gute Erfolgsbilanz zurückblicken, da wir mehrheitlich mit den Betroffenen sehr „ergebnisorientiert" gearbeitet haben; wozu natürlich die Unterstützung und die Bereitschaft, sowie das Vertrauen der Betroffenen unabdingbar ist.

Leider hat die Entwicklungsgeschichte gezeigt, dass sich dieses stark verändert hat, was nicht am Fehlverhalten des Innen- und Außendienstes liegt und sicher auch nicht daran, dass „alle Schuldner" nicht mehr kooperieren, (was selbstverständlich ein Muss für eine tragfähige Zusammenarbeit ist), sondern, dass die Geschäftspolitik in besagtem Unternehmen, durch übergroßes Gewinnstreben und auch ein „nichtverstehen der Materie" von neuen Führungskräften, die Erfolge in diesem Bereich sehr reduziert zu sehen sind. Dazu aber später mehr!

Ich möchte weder kleinreden, noch verschweigen, dass es in diesem Bereich natürlich auch die sog. „schwarzen Schafe" gibt, (wie auch in anderen Berufssparten), mehrheitlich, würde ich behaupten, sind Mitarbeiter von Inkassounternehmen, solid arbeitende Angestellte, die dafür Sorge tragen müssen, dass Schulden bearbeitet und bezahlt werden.

Umso mehr gebe ich Ihnen den folgenden Rat!
Geben Sie sich selbst die Chance aktiv an der Problematik mitzuarbeiten um eine mögliche Lösung herbeizuführen. Denn es ist selbstverständlich wesentlich leichter – ein Gegenüber zu haben das fachlich versiert ist und hilfreiche Vorschläge macht, z.B. über Raten, Ablösungen, Pfändungen, mögliche rechtliche Konsequenzen, Maßnahmen die der Gläubiger „fordert" etc. als wenn alles sehr anonym schriftlich geregelt wird.

Häufig habe ich ein gutes „Hand in Hand" arbeiten auch zwischen Schuldenberatern und Inkassomitarbeitern erlebt, was angesichts der stetig wachsenden Problematik realistisch ja sogar hilfreich ist.

Ich selbst habe mit vielen Schuldenberatern eng und gut gearbeitet und wie bereits erwähnt, sehen Sie bitte auch die „Chance" in dem miteinander.
Nun weiter mit Ihren Rechten!

Gehen wir davon aus, dass Sie ein Inkasso-Mitarbeiter „besucht" und Ihnen Lösungsvorschläge aufzeigt. Gehen wir davon aus, es handelt sich um eine offene Rechnung bei einem Versandhaus und es ist Ihnen nicht möglich den Betrag in einer Summe zu bezahlen. Vermutlich wird Ihnen der Mitarbeiter einen Ratenvertrag anbieten, dagegen ist nichts zu sagen:

Entscheidend hierbei! Unterschreiben Sie niemals einen Vertrag, den Sie inhaltlich nicht verstehen. (Selbstverständlich gilt das für ALLE Schriftstücke, die man Ihnen zur Unterschrift vorlegt).

Lesen Sie auch das Kleingedruckte.

Scheuen Sie sich nicht Fragen zu stellen, wenn Ihnen verschiedenes nicht klar ist. Der Mitarbeiter ist verpflichtet umfassend Auskunft zu geben.
Aus dem Ratenvertrag muss hervorgehen!

- Wie viele Raten sind zu bezahlen? (Anzahl und Höhe der Rate)
- Wie hoch war die Ursprungsschuld? (Hauptforderung)
- Wie setzt sich die Gesamtforderung zusammen?
- Wie hoch sind die Zinsen?
- Wie hoch ist die Inkassovergütung?
- Welche weiteren Kosten fallen an und warum?

Wenn Ihnen alles transparent erscheint und Sie inhaltlich verstanden haben, was Ihnen hoffentlich ausführlich erklärt wurde, können Sie Ihr Einverständnis mit Ihrer Unterschrift erklären.

Des Weiteren ganz wichtig!

Lassen Sie sich ausnahmslos einen Durchschlag von AL-LEM geben, was Sie unterschrieben haben. Damit Sie ALLES beweisen können, und eine vereinbarte Sachlage nicht im Nachhinein anders dargestellt werden kann. (Beweispflicht).

Sollte Ihnen in dem bereits unterschriebenen Vertrag im Nachhinein doch noch etwas auffallen, was so nicht besprochen war, können Sie das Vergleichsangebot binnen einer Frist von 7 Tagen – gegenüber der Firma – schriftlich widerrufen.

Hilfreich ist natürlich, wenn auf dem Durchschlag des ausgehändigten Schriftstücks, der Name und eine Telefonnummer des Mitarbeiters steht, damit Sie bei Fragen einen Ansprechpartner vor Ort haben.

Ein unbedingtes MUSS ist es niemals Originalschreiben auszuhändigen, sondern ausschließlich Kopien.

Hat der Inkasso-Bevollmächtigte mehrere offene Rechnungen zur Bearbeitung dabei, fragen Sie welche Prioritäten er Ihnen vorschlägt und welche weiteren Zahlungsmöglichkeiten er Ihnen einräumen kann. (Natürlich setzt das voraus, dass es Ihre momentane Lebenssituation zulässt), mehrere Ratenverträge für verschiedene Gläubiger abzuschließen.

Wenn es Ihre finanzielle Situation ermöglicht, fragen Sie nach weiteren Möglichkeiten, Ihre Schulden zurück zu zahlen:

z.B. eine Einmalzahlung ein sog. Vergleich – scheuen Sie sich nicht nach einem Nachlass zu fragen (dieser ist wiederum abhängig davon wie alt die Forderung ist, aber

Nachlässe sind legitim und können durchaus zwischen 20% und 40-45% bei Altforderungen ausmachen).

Man spricht hier von Ablösungen d.h. die Restschuld wird Ihnen erlassen, wenn Sie termingerecht bezahlen.

Ein Beispiel: Sie haben eine „Altschuld" bei einem Versandhaus mit einem Gesamtrechnungsbetrag von 1.000,-- € die Schuld ist mittlerweile 5 Jahre alt, da es Ihnen nicht möglich war diese vorher „abzustottern". Wenn Ihnen ein Zahlungsvorschlag mit bis zu 40% Nachlass schriftlich angeboten wird in einem Zeitraum von 4 Wochen 600,--€ zu bezahlen und Sie erhalten dieses Angebot schriftlich, wäre es natürlich toll, diese Summe „aufzutreiben", denn schneller können Sie 400,--€ sicher nicht einsparen. Vielleicht haben Sie in der Familie jemanden der Ihnen die 600,--€ leihen kann und Sie haben die Möglichkeit dieses Geld dann zinsfrei an den Betreffenden zurück zu zahlen.

Dies ist gängige und legale Praxis und Sie sehen an diesem Beispiel, dass Inkasso-Mitarbeiter doch sehr viel für Sie tun können, ich wünsche Ihnen, wenn der „Besuch" schon nicht vermeidbar ist, dass die „Chemie" zwischen Ihnen und dem Mitarbeiter stimmt und Sie Vorteile nutzen können. Ich gehe davon aus, dass Sie entsprechende

Angebote erhalten, aber es ist keine gesetzliche Verpflichtung die der Inkasso-Bevollmächtigte zu leisten hat. Wir sprechen hier von einer „Kannbestimmung" nicht aber von „gesetzlichem Muss"

Ich hoffe, dass Sie nicht vergessen <u>alles</u> was Sie bezahlt haben auch in Form von Quittungen in Ihren Unterlagen aufzuheben.

Wichtig!
Ihre Unterschrift, das Datum der Bezahlung, die Unterschrift des Sachbearbeiters und das Ausweisen der Höhe, wenn ein Nachlass eingeräumt wurde und einen Vermerk, dass die entsprechende Schuld damit komplett erledigt ist.

Ich wünsche Ihnen Kollegen und Kolleginnen, die wie geschildert fair arbeiten, so wie ich über fast 15 Jahre sehr viele von Ihnen kennengelernt und gern mit den allermeisten zusammengearbeitet habe.

Zusammenfassend bedeutet das für Sie:
Es ist nützlich sich über das Thema Schulden sorgfältig zu informieren.

Es sind Ihre Schulden, die Sie bezahlen müssen, je mehr Sie die Hintergründe verstehen, desto mehr sind Sie für „alle Instanzen" ein kompetenter Gesprächspartner und werden als solcher auch wahrgenommen.

Sie verstehen jetzt sicher auch, wenn ich Ihnen sage „fragen Sie, fragen Sie", es ist immer hilfreich gut informiert zu sein und zusätzlich einen „Profi" an der Seite zu haben, der doch relativ viel für Sie tun kann.

Die optimale Lösung wäre, dass Sie alles erledigen können, keine neuen finanziellen Sorgen mehr dazukommen und Sie damit ein neues, angenehmeres Leben beginnen können und die schlechten Rahmenbedingungen die Sie hatten, (denn es lebt sich bekanntlich nicht besonders gut mit Schulden), ein für alle Mal abhaken können

Hilfreiche Erklärungen zu Begriffen in diesem Kapitel
wie:

Ratenhöhe – Anzahl der Raten
Verzugszinsen
Nachlasskompetenz
Inkassogebühren
Kontoführungsgebühren
Zinsstop
Festschreibung
Nachlass (in welcher Höhe)
Einmalzahlung – Ablösung – Vergleich
Titulierte Forderungen
Altschulden
Schufa-Einträge

finden Sie im Stichwortverzeichnis.

1.3 Besonderheiten zu Hartz IV und P-Konto

Natürlich gehört zu der umfassenden Information zum Thema Rechte der Betroffenen auch ein eigenes Kapitel zum Thema Hartz IV.

Wünschenswert wäre wenn alle Hartz IV-Bezieher entweder vom Job-Center oder den Argen umfangreich zum Thema Hartz-IV informiert werden. Die Erfahrung hat gezeigt, dass dies in den meisten Fällen nicht der Fall ist.

Hier möchte ich die wichtigsten Punkte für Sie zusammentragen:

Lassen Sie sich von niemandem erzählen, dass das Lebensunterhaltsbedarfsgeld zur Tilgung von Schulden genommen werden muss.

Es gibt keinen Gläubiger, keinen Gerichtsvollzieher und keinen Inkassodienst der Sie zum Bezahlen von Schulden mit Hartz IV.-Geld heranziehen darf, dies ist im Übrigen per Gesetz verboten.

Wie der Name sagt, dient dieses Geld ausschließlich dazu Ihren Lebensunterhalt „einigermaßen" zu sichern.

Auch Kinder- und Unterhaltsgeld sind für die Kinder zu verwenden und nicht zur Bezahlung von Schulden. Es ist kein Gerücht, dass Kinder aus Hartz IV-Familien nicht gerade auf der Sonnenseite leben, insofern kann ich Sie nur bitten, im Namen der Kinder, verwenden Sie das Geld dafür, wofür es bestimmt ist – für Ihre Kinder. Sie haben sowohl das Recht, als auch die Pflicht, das Wenige, dass Sie zur Verfügung haben, für sich und die Kinder zu verwenden, um ein „würdiges Leben" führen zu können.

Unterschreiben Sie keine Ratenverträge (egal von welchem Gläubiger), diese sind ebenfalls gesetzlich unzulässig. Ebenso kann Hartz IV. nicht gepfändet werden. In diesen Fällen nehmen Sie bitte das Recht auf ein klares „Nein" besonders wörtlich.

Wenn Ihnen eine Information an den/die Gläubiger nicht selbst möglich ist, dann nehmen Sie die kostenfreien Beratungsstellen, der Städte und Gemeinden, sowie der Sozialverbände in Anspruch.

Nehmen Sie folgenden Leitsatz:

Inkasso + Hartz IV ≠ Schuldentilgung

Auch das wenig erfreuliche Thema Bank darf nicht ausgeschlossen werden.

Nehmen wir an, dass Sie aufgrund widriger Lebensumstände nicht an der „Eidesstattlichen Versicherung" vorbeikamen, so haben die meisten Banken in der Vergangenheit, die Not von sehr vielen noch drastisch verschlimmert, indem man sehr gern dem „Kunden" das Konto geschlossen hat. Als vertretbar ist zu bezeichnen, wenn das Konto das u.U. mit einem Dispo ausgestattet war, NUR in ein Guthabenkonto umgewandelt wird, denn natürlich kann Hartz IV-Bezug, eidesstattliche Versicherung und ein Dispo-Kredit nicht zusammen gehen.

Natürlich kann es nicht die Lösung sein, tausenden von Bürgern das Konto stillzulegen, denn wo die Not ohnehin schon am größten ist, soll auch noch für jede einzelne Bar Überweisung gezahlt werden was oftmals bis zu 10,-- € ausmacht. Die Logik die hinter solchen Beschlüssen steht, konnte eigentlich von niemanden nachvollzogen werden, trotzdem war es lange Zeit gängige Praxis.

Nach langem Hin und Her schaltete sich die Politik ein und so wurde ein Gesetz verabschiedet, indem geregelt wurde, dass jeder Bürger das Recht hat ein Girokonto zu haben, so auch Hartz IV Bezieher, selbstverständlich als sog. Guthabenkonto. Sollte Ihnen dieses Recht verweigert werden, ist dies nicht zulässig. Sie haben das Gesetz auf Ihrer Seite, lassen Sie sich nicht abweisen!

Ich selbst war mit Hartz IV-Beziehern bei den Sparkassen, auch bei Raiffeissen- und VR-Banken, die wohl auch den faireren Umgang mit dieser schwierigeren Situation pflegen.

Die beste Möglichkeit sich gegen nicht rechtmäßige Übergriffe in Sachen Pfändung zu schützen ist das P-Konto = Pfändungssicheres Konto.

Seit dem 1. Juli 2010 gibt es die Möglichkeit ein sog. P-Konto mit Ihrer Bank zu vereinbaren. Das „Pfändungssichere Konto" ist kein neues Girokonto, sondern kann von einem „normalen Girokonto in das pfändungsfreie umgewandelt werden". Es gibt aufgrund der Umwandlung keine Änderung von Kontonummer, oder Bankleitzahl. Es wird auch auf den Kontoauszügen keinen Vermerk geben, dass es sich um ein „P-Konto" handelt.

Zu beachten ist, dass jeder der ein P-Konto führt, auch nur ein Pfändungssicheres Konto per Gesetz haben darf. Die Schufa hat Info darüber, dass man ein P-Konto führt. P-Konten werden zu den allgemein üblichen Kontoführungsgebühren angeboten.

Die Vorteile des Pfändungsfreien Kontos sind hauptsächlich:

- Die Höhe des Pfändungsfreibetrages von 1028,89 €/Monat
- Der Pfändungsschutz besteht automatisch und ist gesetzlich festgelegt
  somit muss er nicht erst gerichtlich erstritten werden.
- In der Neuregelung ist es nicht relevant über welche Art von Einkünften man verfügt. z.B. waren bislang Sozialleistungen nach § 55 Sozialgesetzbuch, nach Eingang des Geldes 7 Tage lang geschützt. Im Übrigen auch ALG II, was häufig falsch durch verschiedene Medien ging. Dies hieß: Die Bank musste Sozialleistungen innerhalb einer 7 Tage-Frist auszahlen, um es vor Zugriff eines „Gläubigers" zu schützen.
  NEU!! Jetzt wird das Geld vor unerlaubtem Zugriff über das P-Konto geschützt.

1.4 Adressenverzeichnis von möglichen Anlaufstellen: Wo kann ich Hilfe bekommen?

Nachstehend habe ich Ihnen Adressmaterial und Anlaufstellen zusammengetragen, die Sie bei Bedarf kontaktieren können.

Sowohl der Bedarf an qualitativer, als auch quantitativer Schuldenberatung ist in den letzten 15 Jahren um ein Vielfaches gestiegen, deshalb werde ich Ihnen die verschiedensten Organisationen nennen und wünsche Ihnen bei der Suche nach der für Sie richtigen viel Glück.

Bei Fragen können Sie sich auch überregional wenden an die:

Bundesarbeitsgemeinschaft Schuldnerberatung e.V.

Wilhelmstr. 11
34117 Kassel
Tel.: 0561/77 10 93
Fax: 0561/71 11 26
www.agsbv.de   oder

Blumenstr. 20

50670 Köln
Tel.: 0221/9139-2884
Fax. 0221/9139-2888
www.vzbv.de

Markgrafenstr. 66
10969 Berlin
Tel.: 030/25 800-0
Fax: 030/25 800-218

Sozialreferat für Schulden + Insolvenzberatung
Mathildenstr. 3a
80336 München
Tel: 089/233 – 24353

Sehr hilfreich ist z.B. ebenfalls in München eine

Rechtsberatungsstelle für Bürger mit geringem Einkommen in der

Geschäftsstelle des Münchner Anwaltvereins e.V.
Maxburgstr. 4
80333 München

Tel: 089/29 50 86   oder

PRO-Schuldnerberatung
Schusterinsel 10
79576 Weil am Rhein
Tel.: 07621/57 09 796

Die Präsenz von Schuldenberatungsstellen des Diakonischen Werks in Bayern ist mit vielen Büros weitgehend „flächendeckend".

Schuldenberatung in der Diakonie Traunstein

Neuöttinger Strasse 62a

Roßmarkt 29
63739 Aschaffenburg

Spenglergäßchen 7a
86152 Augsburg

Hedwig-Fichtel-Str. 1a
97616 Bad Neustadt

Memmelsdorfer Str. 128
86052 Bamberg

Malmedystr. 3
96450 Coburg

Floßmannstr. 2
85560 Ebersberg

Ottostr. 5
90762 Fürth

Luitpoldstr. 18
95028 Hof/Saale

Schrannenstr. 5
85049 Ingolstadt

Deutsches Rotes Kreuz
Schuldenberatungsstellen jederzeit bei Ihrem Kreisverband – oder der nächstgrößeren Gemeinde des Deutschen Roten Kreuzes zu erfragen.

Auch die **Arbeiterwohlfahrt,** sowie der **Paritätische Wohlfahrtsverband** sind regional zum Thema Schuldenberatung sehr gut aufgestellt.

Selbstverständlich lohnt sich auch der Kontakt zu den örtlichen **Verbraucherberatungen,** diese bieten ebenfalls sehr umfassende Beratungen zum Thema Schulden an.

Bitte vergessen Sie nicht, dass alle vorgenannten Anlaufstellen, kostenfreie Hilfe anbieten, dementsprechend lange kann die Wartezeit auf einen Termin sein. Nicht selten bedeutet dies 3 Monate und manchmal auch länger.

Weitere Beratungsstellen im Großraum Nürnberg, Fürth, Erlangen:

ISKA Schuldner-, Insolvenzberatung

Untere Krämersgasse 3
90403 Nürnberg
Tel: 0911/2 44 63-0

Aktion bessere Welt e.V. Schuldnerberatung

Fasanenweg 12
90451 Nürnberg
Tel: 0911/506 33 31

Zentrum Insolvenzberatung

Marienstr. 2

90402 Nürnberg

Tel: 0911/21 65 5990

Selbstverständlich bietet auch die **Caritas in Nürnberg, Fürth und Erlangen,** umfangreiche, kompetente Hilfe an. Jedes Büro der Caritas gibt Ihnen gern die Telefonnummern der zuständigen Beratungsstelle.

Speziell für **Mittelfranken** gibt es ein Verzeichnis der Beratungsstellen unter **www.stmas.bayern.de**

Sollte es Ihnen möglich sein einen Fachanwalt zu beauftragen, können Sie diesen auch über das **Amtsgericht,** oder die **Rechtsanwaltskammer** erfragen. (Bitte klären Sie aber im Vorfeld die für Sie anfallenden Kosten genau ab, damit Sie nicht eine „weitere Baustelle" eröffnen.

Kapitel 2: Ein Blick hinter die Kulissen: Die Arbeit eines Inkasso-Mitarbeiters.

Beginnen möchte ich meine Aufzeichnungen damit einen „Sprung in die Vergangenheit" zu machen, denn natürlich hat sich auch im Inkassogeschäft bei der Umstellung von der Deutschen Mark auf den Euro vieles verändert, was selbstverständlich nicht dem Unternehmen angelastet werden kann. Wohl aber der Umgang mit Rahmenbedingungen, die sowohl für den Schuldner, als auch für die Mitarbeiter, Veränderungen brachten und keinesfalls leichter wurden. Dazu später mehr.

2.1 Welche Anforderungen werden an einen Inkasso-Bevollmächtigten gestellt?

Als ich 1996 meine Tätigkeit begann wurde eine fundierte kaufmännische Ausbildung von allen Mitarbeitern vorausgesetzt.

Wir wurden gut ausgebildet, was in diesem schwierigen Bereich unumgänglich war; nicht nur das kaufmännische Knowhow, sondern auch eine angemessene Rhetorik und die damit verbundene Psychologie wurden umfangreich geschult und trainiert.

Wichtig waren:
- Profundes Fachwissen,
- solides, überzeugendes Auftreten,
- guter, ehrlicher Umgang mit dem Schuldner,
- kein Zweifel an der Integrität des Unternehmens und den Mitarbeitern,
- und natürlich auch das „Gespür" für manchmal schwierige Situationen und Gesprächspartner.

Ich/Wir hatten Vorgesetzte, die jederzeit ansprechbar waren, die uns begleiteten, Hilfestellung gaben, Gesprächsleitfäden erarbeiteten und manches „Negativ-Erlebnis" (das man speziell als „Inkassoanfänger hat), mit ihren eigenen Erfahrungen gut kompensierten, so dass viele unserer Startschwierigkeiten gut aufgefangen wurden.

Denn: Um eine Inkasso-Tätigkeit gut verstehen zu lernen und diese entsprechend den geltenden Gesetzen auszuführen, war für alle Beteiligten eine Einarbeitung von ca. 1 Jahr unbedingt nötig.

Die Zeit wurde uns damals gegeben, auch um die Möglichkeit zu haben in einem angemessenen Zeitrahmen zu überprüfen, ob m a n sich mit der Tätigkeit identifizieren kann (was definitiv erst nach Monaten objektiv zu beurteilen war).

Des Weiteren musste jeder Einzelne sich erst im Außendienst zurechtfinden und zu guter Letzt, war der Spagat zwischen Verpflichteten (Schuldnern), Gläubigern und natürlich den Anforderungen des Unternehmens nicht leicht.

Unsere Aufgabe war nie einfach, die Fluktuation sowohl von Mitarbeitern als auch Führungskräften war immer relativ hoch, allerdings bildete sich in dieser Zeit ein „gut ausgebildeter Mitarbeiterstamm", begleitet von Führungskräften die uns hilfreich und integer zur Seite standen.

Es darf durchaus erwähnt werden, dass die Mehrheit meiner Kollegen einen von Menschlichkeit geprägten Umgang mit den Betroffenen hatten, auch wenn wir nie vergessen durften, was die Gründe für unseren Besuch waren.

Diese waren immer eindeutig.

Es ging ausschließlich um offene Forderungen und wir Inkasso-Bevollmächtigten waren u.a. dafür zuständig mit dem jeweiligen Schuldner nach einem geeigneten Weg zu suchen, dafür gab es verschiedene Lösungsansätze, je nachdem wie solvent unser Kunde war, oder aber wie schwierig sich die wirtschaftliche Lage jedes Einzelnen darstellte.

Was sich in den ersten Jahren unserer Tätigkeit zeigte, war, dass das Wort Inkasso durchaus an Schrecken in der Gesellschaft verliert, wenn es mit Ehrlichkeit, Solidität und fairen Spielregeln gehandhabt wird.

Warum erzähle ich Ihnen das alles?

Weil Sie im Laufe dieser Aufzeichnungen erfahren, wie sehr sich die Tätigkeit für uns alle veränderte, was sich natürlich auch zum Nachteil für unsere Kunden auswirkte.

2.2 Was heißt das konkret für jeden Einzelnen?

Die Anforderungen waren von Anfang hoch.

Neben den fachlichen Voraussetzungen mussten wir mitbringen:

- Unseren eigenen PKW
- Büro (möglichst eigener Raum), zumindest aber abschließbare Schränke
- Festnetzanschluss/Fax
- Später war die Nutzung des Mobiltelefons und das Bereitstellen des eigenen PC's für das Unternehmen eine Selbstverständlichkeit.
- nicht zu vergessen das Mobil-Telefon und das Navigationsgerät.

Für die gefahrenen Stundenkilometer und die Nutzung o.g. Punkte erhielten wir (je nach Vertrag und je nach Größe des zu bearbeitenden Gebietes) Spesen. Auch zum Abgleich mit dem Finanzamt, wurden die Fahrtrouten monatlich erstellt. Ich möchte niemanden mit dem Aufzeigen der Spesensätze langweilen, die Kurzform lautet: Diese waren ebenso wenig großzügig kalkuliert, wie auch die Gehälter, obwohl man sich großzügig an unserem Eigentum bediente, wie oben bereits aufgeführt.

Der Fairness halber möchte ich erwähnen, für mich waren die ersten Jahre vertretbar, da die Benzinpreise noch einen realistischen Rahmen hatten und der Zeitaufwand ebenfalls noch vertretbar war.

Insgesamt war jedem Mitarbeiter klar, dass er mit dieser Tätigkeit nicht zu den gut bezahlten Arbeitnehmern gehörte. Meine vertragliche Arbeitszeit lautete auf 8 Wochenstunden. Es war mir die ersten Jahre möglich, mein Wochenpensum in einer realistischen Zeit (wenn auch nicht in 8 Std.) zu erledigen. Insofern arbeitete ich in meinem erlernten Beruf, ebenfalls Teilzeit, wesentlich besser bezahlt, aber durch meine Inkassotätigkeit hatte ich einen zeitlichen Spielraum, der mir sehr gelegen kam und den ich gut zu nutzen wusste, was ich sehr zu schätzen lernte.

Es soll nicht unerwähnt bleiben, dass ich auch von Beginn an wenig Probleme sowohl intern, als auch extern hatte, die Zusammenarbeit mit den „Betroffenen" machte mir keine Schwierigkeiten (was auch für die Mehrheit meiner damaligen Kollegen galt). Wir hatten die Möglichkeit unseren „Kunden" verschiedene Angebote zu unterbreiten, dafür gab es intern vernünftigen rechtlich vertretbaren Spielraum, wir konnten auch in Absprache mit den damaligen Vorgesetzten manchmal dem Schuldner sehr entgegenkommen, so dass für alle (meistens), zufriedenstellende Ergebnisse erreicht werden konnten.

Die Erfahrung zeigte, dass ein menschlich vernünftiges Miteinander zwischen Inkassomitarbeitern und dem „Schuldner" durchaus möglich war und so war ich von der Richtigkeit meiner Aufgabe überzeugt. Es gelang mir auch dies meinem „Gegenüber" zu vermitteln, so dass Arbeiten auf Augenhöhe keine Seltenheit war, was auch viele Kollegen in den alten und neuen Bundesländern mit mir bewiesen.

Im nächsten Unterkapitel werde ich Ihnen noch einen kleinen Einblick geben, was wir wöchentlich/monatlich erarbeiten mussten, um unseren Arbeitsplatz zu „rechtfertigen" und die gesetzten Ziele des Unternehmens zu erreichen. Auch hier waren die ersten Jahre vertretbar, (wenn auch nicht optimal), das was daraus wurde, war für niemanden mehr akzeptabel und vorsichtig ausgedrückt mehrheitlich eine Zumutung.

2.3 Welche Leistungen hatten wir als Mitarbeiter wöchentlich und monatlich zu erbringen?

Unsere Verträge basierten auf verschiedenen Leistungs-einheiten; wie Spesen (die errechnet wurden aus der Größe des zu bearbeitenden Gebietes). Daraus resultie-rend unser KM-Geld, Telefon u. Faxkosten, sowie Porto und in späteren Jahren, Handykosten.

Wie bereits erwähnt erhielten wir zu keinem Zeitpunkt eine Aufwandsentschädigung für die Nutzung unserer Büros und ebenfalls n i c h t s für den Verschleiß unserer PKWs. Laut Aussage des Unternehmens wurde dies alles mit unseren Monatsspesen abgegolten, was immer zu kritischen Anmerkungen von uns Mitarbeitern führte und auf jeder Außendiensttagung erneut ein Hauptthe-ma war, auch bereits zu DM-Zeiten.

Nach der Einführung des Euro und der Explosion der Benzinpreise wurde es für uns Mitarbeiter immer schwieriger mit den „gewährten" Spesen klarzukommen. Das Unternehmen entwickelte eine „Selbstbedienungs-mentalität und auch der Betriebsrat, der sich stets be-mühte für uns im Außendienst bessere Konditionen zu erreichen, kam mehrheitlich ohne Ergebnisse wieder auf unsere Außendiensttagungen.

Es war ein ständiger Kreislauf zwischen unzufriedenen Mitarbeitern und meist etwas hilflosen Gebietsleitern, die unsere direkten Vorgesetzten waren. Wenn es darum ging neue Forderungen an uns heranzutragen, waren sie „Vorgesetzte". Wenn es aber darum ging, für unsere Belange einzutreten, z.b. den finanziellen Rahmen zu verbessern, konnten sie in den allermeisten Fällen nicht wirklich etwas für uns erreichen. Die dritte Partei war wie erwähnt der Betriebsrat, den ich in guter Erinnerung habe, dies ist allerdings in erster Linie dem langjährigen Vorsitzenden geschuldet. Als dieser dann in den vorzeitigen Ruhestand ging, bewegte sich auch in diesem Bereich nicht mehr viel. Ich werde später noch einmal auf Gespräche und Artikel in der „internen BR-Zeitung" zu sprechen kommen und dies mit Auszügen dokumentieren.

Die von uns wöchentlich bzw. monatlich zu erbringende Leistung, basierte auf eine wöchentliche vertragliche Arbeitszeit von 8 Std. Alle gemachten Angaben beziehen sich auf meinen Vertrag. Diejenigen meiner Kollegen, die wesentlich umfangreichere Verträge hatten (mehr Stunden, größere Gebiete, weit mehr an Kilometerleistungen und eine höhere Fallerledigung), hatten später noch mehr Probleme in der Bearbeitung, als wir mit den sog. kleinsten Stundenverträgen.

Mein Vertrag war von Anfang an auf eine wöchentlich positive Fallerledigung von 12/13 Fällen (bei 8 Std. Arbeitszeit), ausgelegt. Das Bruttogehalt entsprach den ausgewiesenen 8 Arbeitsstunden. Darüber hinaus bekamen wir nach einem gestaffelten Prämiensystem für jeden positiv erledigten Inkassofall eine bestimmte Summe die zu dem Bruttogehalt addiert wurde. Dies ergab das zu versteuernde monatliche Einkommen. Auf das Nettogehalt wurden ebenfalls Netto die Monatsspesen gerechnet. Diese wurden gezahlt indem man die Größe (Kilometer), des zu bearbeitenden Gebietes errechnete. Es gab ein geringes Urlaubsgeld und als ich begann auch noch ein 13. Monatsgehalt Weihnachtsgratifikation, das aus dem 8 Stunden-Bruttogehalt mal 2 bestand.

Ich möchte niemanden mit diesen Zahlen „langweilen", denn es ist anfänglich etwas schwer nachvollziehbar; es soll auch nur einen kleinen Einblick geben, nicht, dass der Eindruck entsteht Inkasso-Bevollmächtigter sei eine gut bezahlte Tätigkeit, die ein sorgloses Leben ermöglicht. Dies war zu keinem Zeitpunkt der Fall auch nicht zu DM-Zeiten, nach der EURO-Umstellung wurde vieles zur Farce.

Im Laufe dieser Aufzeichnungen wird transparent warum ich dem Unternehmen Selbstbedienungsmentalität vorwerfe, des Weiteren ist es besser nach zu vollziehen warum die Fluktuation sowohl bei Mitarbeitern, als auch bei Führungskräften ein Ausmaß erreicht hatte, wo solides und vernünftiges Arbeiten nur noch schwer möglich war.

Erbracht werden musste in jedem Fall eine Wochenleistung von 12/13 positiv erledigten Aufträgen ergab monatlich ein Auftragsvolumen von 50/52 Fällen. Aus diesen Fällen errechnete sich die Monatsprämie. Klingt auf den ersten Blick sicher nicht spektakulär, auch hier ist wieder zur Relativierung hinzugefügt, in den ersten meiner „Dienstjahre" nicht leicht, aber machbar.

Zum Abschluss dieses Punktes sei angemerkt, dass wir bei Krankheit die Lohnfortzahlung aus dem relativ niedrigen Festgehalt erhielten, desgleichen fiel unser Gehalt nach einem Urlaub zurück auf die Bezüge eines Minijobbers, (denn vielmehr waren diese Grundgehälter nicht, bei einem wöchentlich festgesetzten 8 Std. Arbeitszeit), somit hoffte jeder Mitarbeiter, dass uns keine längeren Krankheiten einholten, oder, dass wir von einem Autounfall im Dienst verschont blieben, denn wir waren nur sehr schlecht sozial abgesichert und das war für viele Kollegen zusätzlich auch ein wirtschaftliches Problem.

Viele Jahre versuchte der BR uns in diesem Bereich sozial besser zu stellen, kämpfte mit uns für „vernünftige Grundgehälter", ich persönlich erlebte die Diskussion 15 Jahre, geändert hat sich nichts. Das Gegenteil war der Fall, die Ignoranz hatte ein schwer erträgliches Maß erreicht und das Betriebsklima war dem Gefrierpunkt nahe.

2.4 Was hat sich verändert – und warum?

Mit den Veränderungen und neu entstandenen Gesetzen wurde es auch im Inkasso-Bereich noch wesentlich härter, die geforderten Ziele des Unternehmens umzusetzen. Viele Schuldner hatten noch weniger Mittel ihre offenen Verbindlichkeiten zu tilgen und WIR Inkasso-Mitarbeiter noch weniger Spielraum den Betroffenen zu helfen. Es ist nicht dem Unternehmen anzulasten, dass es viele Gesetzesänderungen gab, wohl aber der Umgang mit denselben.

Neu war:

- die Umstellung von der DM auf den Euro (dieses war natürlich nicht nur für unsere „Kunden" ein großes Problem); aber eben für diesen Personenkreis noch härter.

- Im Zuge dessen erfolgte die Zusammenlegung von Arbeitslosenhilfe und Sozialhilfe auf ALG II. – Hartz IV.

- Alle „Älteren" unter uns kannten noch einen wesentlich faireren Arbeitsmarkt, wo täglich zu lesen ist, wie enorm unsere Arbeitslosenzahlen sinken, die Wahrheit ist, die Zahl der Minijobber hat sich dupliziert und nicht selten wurden sozialversicherungspflichtige Jobs in Minijobs umgewandelt.

- Das Thema Niedriglohnsektor wurde zum Selbstläufer und das Wort „Aufstocker" war plötzlich in aller Munde. Dies ist bis heute so, bezeichnend nur, dass es für viele seinen Schrecken verloren hat.

- Plötzlich gab es das große Thema „Privatinsolvenz". Erst einmal gab es extrem viel Fehlinformation im TV in allen Medien, so dass es für die Betroffenen schwer war herauszufinden was speziell auf ihre eigene Lebenssituation anzuwenden war. Und auch WIR waren ungenügend vorbereitet.

Es gab vieles auf das wir uns einstellen mussten, was auch für das Unternehmen eine Herausforderung darstellte, schnell stellten wir aber fest, dass es kein Umdenken gab, es wurde weitergemacht wie bisher, sehr zu Lasten der Mitarbeiter.

Die Grundgehälter blieben. (Dieses Los verband uns mit allen anderen Arbeitnehmern), nur mit dem Unterschied, dass wir ohnehin schon zu DM-Zeiten mit diesen Festgehältern an der unteren Einkommensgrenze lagen. Man kann feststellen, dass wir nicht sehr viel mehr über dem Niveau der Hartz IV.-Bezieher lagen und das obwohl wir arbeiteten, unseren PKW „mitbringen" mussten, unser Büro zur Verfügung stellten und die Tätigkeit ohnehin immer schwerer zu realisieren war.

Es hat sicher nichts mit jammern auf hohem Niveau zu tun, wenn ich behaupte, auch wir Inkasso-Mitarbeiter ein Stück „ärmer" geworden sind, was unseren Arbeitgeber nicht interessierte. Die Kollegen, die umfangreichere Stundenverträge hatten, damit mehr Fälle bearbeiten mussten, einen größeren Radius an Kilometern fuhren und somit keinen zeitlichen Spielraum hatten noch einer weiteren besser bezahlten Tätigkeit nachzugehen, für diese Kollegen wurde es immer schwieriger, über die Runden zu kommen.

Wir erlebten täglich die gesellschaftliche Verschiebung zwischen arm und reich und auch die Zunahme der Überschuldung bei vielen Bürgern. Ganz besonders „weh" tat, dass viele Alleinerziehende überhaupt keine

Möglichkeit mehr hatten sich der Hartz IV- Problematik zu entziehen. All diese neuen Probleme sollten wir mit dem selben Konzept lösen wie bereits viele Jahre vorher, was nicht nur realitätsfern war, sondern vor allem vielfach unmenschlich.

Auch das Thema „Dumpinglöhne" war zunehmend in aller Munde. Auch hier ergaben sich „Baustellen" für unsere Arbeit, die nur schwer lösbar waren.

Wir mussten immer eine große Portion „Idealismus" mitbringen um unseren Berufsalltag zu meistern nach allen o.g. Punkten hat nicht etwa ein Umdenken in der Geschäfts- und Außendienstleitung stattgefunden, sondern man versuchte tatsächlich „Bussiness as usual" beizubehalten.

Demzufolge war es für jeden Mitarbeiter der seine Tätigkeit „verstanden" und ordnungsgemäß ausführte nicht verwunderlich, dass unsere Umsätze Jahr für Jahr mehr einbrachen und damit natürlich die Zielvorgaben und Umsatzerwartungen des Unternehmens nicht mehr erreicht wurden.

Die Gespräche mit unseren Gebietsleitern wurden zunehmend unerfreulicher, da diese angehalten waren, den Druck auf uns Mitarbeiter zu erhöhen, denn die Zahlen waren alles andere als erfreulich und die Außendiensttagungen glichen mehr und mehr einem „Spießrutenlaufen".

Das Bezeichnende für uns alle war, dass sich in der Unternehmenskultur nichts änderte, die Ignoranz für Probleme sowohl der Mitarbeiter, aber auch von vielen Führungskräften hatte ein nicht mehr akzeptables Maß erreicht.

Den Kernpunkt unseres Geschäftes – das Regulieren von Verbindlichkeiten hatte man zwischenzeitlich „vergessen", wichtig war nur noch das Betriebsergebnis, koste es was es wollte.

Fluktuation war immer ein großes Thema im Unternehmen. Natürlich eignet sich nicht jeder Bewerber für eine Inkasso-Tätigkeit, dies muss man der Fairness halber zugeben. Insofern ist es schwierig einen Vergleich mit Unternehmen anderer Branchen anzustellen.

Ohne, dass der Eindruck entsteht die Aufzeichnungen sind stark übertrieben, ist es wirklich schwer einem Außenstehenden zu vermitteln, was sich in den letzten Jahren in diesem Unternehmen abspielte.

Durch eine extrem hohe „Welle" an Kollegen und Kolleginnen die dem Unternehmen den Rücken kehrten, Gebietsleitungen deutschlandweit mit Einarbeitungen nicht mehr nachkamen, häuften sich die Fehlerquellen drastisch.

Wie bereits weiter oben erwähnt:

Um die Tätigkeit professionell ausüben zu können bedarf es einer theoretisch und praktischen Erfahrungszeit von ca. 1 Jahr. Dies hatte sich eigentlich nicht geändert!

Vielmehr ist das Thema Schulden, Überschuldung, Inkasso und die gesetzlichen Rahmenbedingungen seit dem Jahr 1996 (dem Zeitpunkt meines Starts in diesem Bereich) noch wesentlich komplexer und umfangreicher geworden. Nichtsdestoweniger, kamen und gingen die Mitarbeiter (zum Teil auch die Führungskräfte), so dass wir als „Kollegen" meist die Namen auf unseren Telefonlisten noch gar nicht genau kannten, waren sie bereits wieder gegangen. Von 1 Jahr Einarbeitungszeit sprach niemand mehr, häufig verließen neue Mitarbeiter das Unternehmen bereits im Laufe der Probezeit, die auf 6 Monate festgelegt war.

Wie in vielen größeren Firmen gab es auch in diesem Unternehmen eine „eigene interne Zeitung". Um die Richtigkeit meiner Aufzeichnungen zu unterstreichen habe ich mir einige Artikel aus dieser Zeitung hervorgeholt und möchte gern einiges zitieren, was der Betriebsrat in diesem Blatt uns Mitarbeiter wissen ließ.

Erwähnt habe ich bereits, dass der Druck auf die Mitarbeiter im Außendienst extrem wuchs. Wir wurden immer wieder damit konfrontiert, dass bei Minderleistung, dann wenn keine (12/13 Fälle pro Woche) erreicht werden konnten, die Gebietsleiter uns Ermahnungen und selbstverständlich auch Abmahnungen androhen sollten.

BR-Zeitung Info-Ausgabe 3 Oktober 2007:

Außendienst Tagungen im Herbst Bundesweit:

Zitat: „Wie angekündigt lag der Schwerpunkt unserer Beiträge auf dem Thema Er- und Abmahnungen bei Minderleistungen. Es wurde sehr kontrovers diskutiert zwischen Betriebsratsmitgliedern und Führungskräften."

Gegründet wurde sogar ein Arbeitskreis um eine Vermittlerrolle zwischen Mitarbeiter und Führungskräften herzustellen; ganz offensichtlich gab es keine andere Möglichkeit mehr zu einem angemessenen Dialog.

BR-Zeitung Info-Ausgabe 2 August 2007:

Man suchte händeringend nach Mitarbeitern, die entweder gar nicht zu finden waren bzw. wie bereits beschrieben sehr schnell wieder weg waren.

Zitat: „Für den Außendienst werden dringend Teilzeitkräfte gesucht".

Des Weiteren in der gleichen Ausgabe:

„DAS FINDEN WIR FLOP!!!

Fluktuation im Außendienst

Die GF hat dem Betriebsrat Anfang des Jahres weitere Außendienst-Mitarbeiter zugesagt. Es wurden tatsächlich NEUE eingestellt.

Leider haben im gleichen Zeitraum ca. 1/3 mehr Kollegen und Kolleginnen des Außendienstes das Unternehmen verlassen als eingestellt wurden. SCHADE!!"

Ergänzend zu dem Thema „Personalsuche Außendienst" möchte ich noch eine Geschichte ergänzen, die für mich und meine Kollegen erstmal unglaublich klang, so konnten wir anhand eines geschalteten internen Inserates doch die „Hilflosigkeit" erkennen, denn offensichtlich war es in der Zwischenzeit nicht mehr möglich geeignete Mitarbeiter zu finden.

Das Inserat lautete:

„Mitarbeiter werben Mitarbeiter!!!

Wir suchen ab sofort Außendienst Teilzeit Mitarbeiter (für viele Bundesländer). Helfen Sie uns, neue Kollegen zu finden. Für jede Vermittlung erhalten Sie nach erfolgreich bestandener 6-monatiger Probezeit des neuen Mitarbeiters ein Dankeschön von 500,-- EUR (Brutto)."

Anschließend kam eine Stellenbeschreibung und das Profil, das die Bewerber mitbringen sollten.

Es hatte einen gewissen Zynismus, denn die Stellenausschreibung bezog sich auf „Nebenverdienst mit Grundgehalt" und genau aus diesem Grund liefen dem Unternehmen die Mitarbeiter scharenweise davon.

Denn: Bezahlte 8 Std. Wochenarbeitszeit (Lt. Vertrag) insofern war es wirklich eine „Nebentätigkeit". Die Wahrheit sah so aus, dass mittlerweile nicht einmal in der doppelt

Bezahlt bekamen wir aber immer noch ein Festgehalt für 8 Std. ähnlich Hartz IV.-Sätzen; mehrheitlich arbeiteten wir zwischen 20-25 Std. wenn man den ebenfalls ständig wachsenden Schriftverkehr noch hinzufügte.

Natürlich fragten wir uns: Ist es Ignoranz oder Naivität ausgerechnet im Mitarbeiter-Kreis nach Kollegen zu suchen, wer fragten wir uns, würde denn diese Tätigkeit noch guten Gewissens jemandem empfehlen, man möchte doch nicht jemandem bewusst schaden bzw. sie belügen!!

Soweit ich informiert bin, hatte sich dieser Versuch relativ schnell erledigt, Ergebnis gleich Null.

Eine weitere „Botschaft" aus der <u>BR-Zeitung Ausgabe 3</u> <u>August 2008:</u>

„Ergebnisrückgang!! Die Suche nach den Verantwortlichen geht weiter."

In dieser Ausgabe unterrichtete uns der Betriebsrat darüber, dass von Seiten der GF der Vorwurf erhoben wurde, der BR würde mit „seinen" Aussagen, zu den arbeitsvertraglichen Rechten und Pflichten, der Mitarbeiter zu angeblicher Minderleistung und damit zum Ertragsrückgang beigetragen haben.

Selbstverständlich war die Verstimmung des Betriebsrates mit Recht sehr hoch.

In der Zeitung wurde festgestellt: Weder die Kollegen(innen) noch der BR werden sich zum Sündenbock für mögliche Managementfehler machen lassen. Sobald die Gründe für den Ergebnisrückgang gefunden sind, erwartet der BR eine Richtigstellung von der GF.

<u>BR-Zeitung Ausgabe Oktober 2008</u>

„Dem Unternehmen laufen nicht nur die Ergebnisse davon..."

Nachdem auch in diesem Geschäftsjahr ein erneuter Ergebniseinbruch in beträchtlicher Höhe gegenüber dem Vorjahr deutlich wird, gibt es natürlich keine Möglichkeit für Entgeltsteigerungen.

Der BR hat mehrfach auch schon vor den Entgeltverhandlungen davor gewarnt, dass viele „langjährige und engagierte" Kollegen, sowohl im Innendienst wie auch im Außendienst gekündigt haben.

Und der BR wusste, dass es bei vielen weiteren Kollegen starke Bestrebungen gab, dem Unternehmen ebenfalls den Rücken zu kehren. Die Geschäftsführung nahm dies in Kauf.

Abschließendes Zitat dieses Artikels: „Es müssen dringend Maßnahmen vereinbart werden, denn so darf es nicht weitergehen."

Die Liste der Hiobsbotschaften könnte beliebig fortgesetzt werden abschließend noch aus der:

BR-Zeitung Ausgabe Juni 2009

„Die diesjährigen Entgeltverhandlungen – Eine schwere Geburt"

Folgt man gedanklich dem Motto „Leistung soll sich lohnen", so ist das nicht leicht nachvollziehbar. Die Forderung des BR, für die Kollegen im Außendienst. Eine angemessene prozentuale Erhöhung, da die Kollegen im Vorjahr „leer" ausgingen.

An jedem neuen Verhandlungstag gab es von Seiten der GF ein inhaltlich stark abweichendes Angebot. Einmal ging es darum die Höhe der Einmalzahlung zu drücken, so ging es beim nächsten Termin darum die Berechnungsgrundlage für eine Entgelterhöhung zu ändern; d.h. Dinge miteinander zu verquicken, die sicher nicht für eine Gehaltsverhandlung geeignet sind. Die Verhandlungen kamen immer wieder ins Stocken, man verwies auf den „vollen Terminkalender" der Geschäftsleitung.

Diese Zitate sind zum Teil „wörtlich" aus den Betriebs-
ratszeitungen übernommen und für jeden der es wünscht
nachzulesen.

Jedem Leser ist sicher bewusst in welcher Situation wir
uns befanden, welcher Druck auf uns lastete und unter
welchem Umständen wir eine Lösung für unsere „Kunden" erarbeiten mussten, die rechtlich ebenso vertretbar
sein sollte, wie menschlich korrekt.

Wie ebenfalls bereits erwähnt, kannte ich viele neue Kollegen nicht mehr. Allerdings darf ich für sog. „Altgedien-
te" und sehr Erfahrene, ohne Übertreibung behaupten,
dass es niemand mehr gab, der sich nicht nach einem
neuen Arbeitsplatz umsah, denn wir wurden nicht nur
„materiell ausgenutzt", sondern auch belogen und über-
vorteilt.

Bei allem geschätzten Einsatz des Betriebsrates, mussten
wir einsehen, dass wir alle zusammen auf ziemlich verlo-
renen Posten kämpften und, dass wir in diesem Unternehmen sicher keine Zukunft mehr hatten.

Nicht, dass beim Lesen der Gedanke aufkommt, man hätte versucht die erfahrenen Kollegen zu halten und einen faireren Umgang zu entwickeln um sich auch weiter deren Knowhow zu sichern, Nein, dem war nicht so, denn gerade wir, die auf langjährige Erfahrung und Erfolge zurückblicken konnten, waren natürlich oftmals für sog. Vorgesetzte unbequem, wir hinterfragten mehr, wir zweifelten unlogische Entscheidungen an, (denn wir hatten es von kompetenten Vorgesetzten ganz anders gelernt) und wir machten auch häufig unserem Unmut Luft, was natürlich von Außendienstleitung und Geschäftsführung als sehr unbequem empfunden wurde.

Zu diesen „sehr unbequemen Mitarbeitern" gehörte selbstverständlich auch ich.

Plötzlich waren Dinge, die wir gelernt hatten und die uns mehr als 10 Jahre zu guten Lösungen verhalfen, nicht mehr gefragt.

Aber nicht nur im Außendienst ging es rapide bergab, sondern auch die Kollegen im Innendienst waren gleichermaßen unzufrieden.

Wir erlebten wie Gebietsleiter willkürlich ausgetauscht wurden, zum Teil auch krank wurden, weil sie den Druck der auf sie ausgeübt wurde, nicht mehr Stand hielten, bzw. diesem auch nicht mehr Stand halten wollten.

Es sei angemerkt, dass ich in 15 Jahren die stolze Zahl von 9 Gebietsleitern erfahren durfte, die Einen mit „großer Qualität" und Kompetenz auch auf das Wohl von Mitarbeitern bedacht, was natürlich nicht besonders gefragt war. Andere verließen nach kurzer Zeit das Unternehmen wieder, oder man half eben nach, dass sie es schnell wieder verließen und natürlich darf die Zahl derer, die ohne Rücksicht auf Mitarbeiter und Schuldner sich gut und im Sinne der Außendienstleitung in der Firma etablierten und die Situation noch mehr zuspitzten, nicht vergessen werden.

Abschließend zu diesem Kapitel „was hat sich verändert" sei angemerkt:

verändert hat sich alles – zum Besseren nichts.

2.5 Wie sieht der Alltag eines Inkasso-Bevollmächtigten aus?

Beginnen möchte ich mit der „Normalität" die wir irgendwann kennengelernt hatten, so kann der Arbeitsalltag eines Inkasso-Mitarbeiters folgendermaßen beschrieben werden.

Wir erhielten jeweils am Wochenende aus der Hauptniederlassung die zu bearbeitenden Aufträge für unsere Postleitzahlengebiete, diese wurden zu den Bezirken die wir bearbeiteten geordnet und eine wöchentliche Fahrroute ausgearbeitet.

Hier möchte ich anmerken, dass meine Aufzeichnungen darauf basieren, dass man als Mitarbeiter eingearbeitet war, denn für „Anfänger" die die Geographie ihres Gebietes noch nicht 100%-ig kannten, war dies schon eine große Herausforderung, denn mein gesamtes Gebiet umfasste ca. 25 verschiedene Postleitzahlen und in früheren Dienstjahren war die Nutzung eines Navigationsgerätes noch nicht selbstverständlich. (Die Anschaffung desselben oblag natürlich dem Mitarbeiter und wurde <u>nicht bezuschusst</u>), das „Besitzen" und „Bereitstellen" desselben galt als Selbstverständlichkeit.

Zurück zur „Routenplanung". Das häufigere Verfahren innerhalb der einzelnen Gebiete war natürlich schon immer ein Zeitproblem, das sich zwar im Laufe der Monate relativierte, aber auch das dauerte und stellte uns manchmal vor eine große Herausforderung.

Auch das sinnvolle ausarbeiten der einzelnen Routen musste geübt werden, damit die Wegstrecken effizient angefahren werden konnten und wir nicht zu viele unnötige Kilometer fuhren, was auch mit unseren Spesen zu tun hatte, denn wir bekamen kein Kilometergeld, sondern eine Spesenpauschale. Natürlich war das alles Übung und im Laufe der Monate wurde natürlich auch das zur Routine.

Ein effektives Arbeiten war möglich, wenn man 6-7 verschiedene PLZ-Gebiete pro Tour mitnahm, diese systematisch „abarbeitete" und seine Touren vorher gut geplant hatte.

Ich persönlich überprüfte erst einmal Telefonnummern, die oftmals auf den Aufträgen standen, auf ihre Richtigkeit. Zu Zeiten der Festnetze war dies häufig möglich

und somit konnte bereits telefonisch ein Besprechungs-
termin mit dem „Schuldner" vereinbart werden.

2-3 feste Termine pro Woche erleichterten die Arbeit um
ein Vielfaches, was bei mir in den ersten Jahren meistens
kein Problem war.

„Meine Schuldner" waren zuverlässig, hatten mit mir
kein menschliches Problem, da ich jedem offen, freund-
lich und meistens auch mit einer Lösung entgegentrat.

Dass, diese Vorgehensweise nicht nur für mich galt, sondern auch für meine Kollegen muss ich sicher nicht immer wieder erwähnen, auch wenn ich häufig in der „Ich-
Form" schreibe, gilt dies selbstverständlich auch für meine Kollegen(innen).

Erreichten wir den „Verpflichteten", galt es eine Vereinbarung zu treffen, die so ausgearbeitet sein musste, dass
es für den Betreffenden möglich war, die Forderungen zu
bezahlen, oder „Altschulden" wiederaufzunehmen. Dafür war eine gründliche „Recherche" zwingend notwen-
dig, die wir als erstes mit dem jeweiligen Betroffenen

ausarbeiteten um uns eine Übersicht über die familiäre und wirtschaftliche Situation der Familie zu verschaffen.

Unsere vorgedruckten Recherchebögen umfassten:

- Laufende Kosten (wie Miete, NK etc.)
- Größe der Familie – Kinder und Kindergeld
- Familienstand
- Unterhalt für ehemalige Partner oder für Kinder aus früheren Beziehungen
- Arbeitsplatz ja/nein – Voll oder Teilzeit, befristet oder unbefristet.
- Höhe der Verbindlichkeiten
- Wievielte laufende Ratenverträge und in welcher Höhe
- Pfändungen ja/nein
- Eidesstattliche Versicherung
- Was bleibt zum Leben

Nach diesem Überblick versuchten wir gemeinsam mit dem Betroffenen eine Lösung zu erarbeiten, natürlich war es nötig, dass wir jeden einzelnen Schritt gut und verständlich erklärten, damit unser Gegenüber genau wusste was WIR tun und warum und welche Verpflichtungen ER/SIE damit eingehen.

Die Überzeugungsarbeit die wir zu leisten hatten war mal mehr und mal weniger schwer, wichtig war die Transparenz, die Realitätsbezogenheit zu jedem Einzelfall und nicht zu vergessen die rechtliche Grundlage die unabdingbar ist.

Als Lösung konnte stehen:
- ein Ratenvertrag
- Einmalzahlung sog. Vergleich mit möglichst hohem Nachlass
- Restsummenablöse
- Wiederaufnahme von Altverbindlichkeiten u.U. mit bis zu 50% Nachlass
- Festschreibung
- Zinsstop

(die Erklärungen der einzelnen Fachbegriffe finden Sie im Stickwortverzeichnis).

Diese Vorgehensweise sollte 12/13 pro Woche positiv erledigt und wiederholt werden.

Das Antreffen der jeweiligen Person, eine vernünftige Gesprächskultur und eine hilfreiche Lösung waren immer für alle Parteien der „Idealfall" aber nicht immer realisierbar.

Was aber, wenn wir den Betreffenden bei unserem „Besuch" nicht antrafen? Häufig blieb nur die Nachricht mit unserem Namen, Telefonnummer und Zeiten der Erreichbarkeit im Briefkasten, oder wir hinterließen einem anderen Familienmitglied die Nachricht der/die betreffende Person möge sich bei uns melden.

Bei mir funktionierte die Art und Weise, wie ich mir meine Tätigkeit aufgebaut hatte, nach oben genannten Kriterien, in den ersten Jahren sehr gut. Entsprechend erfolgreich war ich auch und konnte so auch die Möglichkeit nutzen vielen Betroffenen aus der Schuldenkrise ganz oder ein Stück weit herauszuhelfen.

Zurück zu unserem Arbeitsalltag (Ablauf). Nach einem Außendiensttag der durchschnittlich 4,0 – 5,5 Std. betrug, musste die Fahrtroute im Büro, in die Spesenabrechnung eingetragen werden:

- Gefahrene Kilometer: von...bis?
- Wie viele Schuldner besucht und angetroffen – in welchen Orten und Straßen (ohne Hausnummer, dies ist dem Datenschutz geschuldet)?
- Wie viele Personen nicht angetroffen?
- Wie viele Personen galten als „unbekannt verzogen", wenn wir nach Überprüfung feststellen mussten, dass der Betreffende an vorgegebener Anschrift nicht oder nicht mehr wohnt.

Wenn nötig mussten noch Telefonate mit dem Innendienst geführt werden, da häufig ein gewisser Klärungsbedarf bestand, denn Angaben aus dem Auftrag und die „vorgefundene Realität" waren durchaus nicht immer identisch, somit konnten oftmals Vorgaben die wir hatten nicht erfüllt werden. Selbstverständlich ergaben sich daraus auch Gespräche mit dem Vorgesetzten, um sich eine andere Lösung genehmigen zu lassen, denn Wünsche des Gläubigers, sowie des Unternehmens und die Realität des Schuldners, hatten oftmals nicht wirklich etwas miteinander zu tun.

So ungefähr kann man sich einen durchschnittlichen Arbeitstag eines Inkasso-Bevollmächtigten vorstellen. Bestimmt denken viele von Ihnen jetzt: Ist doch gar nicht so schlimm.

Richtig! In der Vergangenheit realisierbar (wenn auch nie einfach).
Später: fast unmöglich!

Das „Warum" es heute fast unmöglich für die Mitarbeiter ist, diese Aufgabe zu lösen wird Ihnen im Laufe der Gegenüberstellung von „Gestern" und „Heute" schnell transparent. Sie werden erkennen, dass sich nicht die Arbeitsweise meiner Kollegen und mir geändert hatte, sondern die Rahmenbedingungen für uns Mitarbeiter wurden nicht den Gegebenheiten angepasst, die sich mittlerweile durch neue Gesetze, gesellschaftliche Veränderungen (wie die wachsende Armut), Niedriglöhne, immer mehr Alleinerziehende ohne Betreuungsplatz und nicht zu vergessen das Insolvenzrecht, ergeben hatten.

Mit Erstaunen und Entsetzen zugleich stellten wir immer mehr fest, dass die Unternehmensführung mit einer Ignoranz diesen Herausforderungen begegnete, die schwer zu beschreiben ist. Es wurde viel geredet, mit großen Worten wenig gesagt, wir fühlten uns oftmals wie auf der politischen Bühne. Viele Unwahrheiten, noch mehr leere Versprechungen, wenig logische Entscheidungen... Wie hätte es auch anders sein können, wenn der Bezug zur Basis (dem „Betroffenen" und dessen Problemlösung), sowie ein fairer Umgang mit den Mitarbeitern, längst der Vergangenheit angehörten.

Wir hatten eine fast komplett neue Führungsmannschaft, allerdings konnten wir nicht sagen, dass die neuen „Besen" besser kehrten als die Alten, sondern genau das Gegenteil war der Fall.

Das was von uns Mitarbeitern erwartet wurde in Anbetracht der oben geschilderten Veränderungen war nicht nur unangemessen, sondern bezogen auf unseren Arbeitsvertrag realitätsfern.

Jeder Mitarbeiter mit einem bezahlten 8 Stunden- Vertrag, konnte sich gelinde ausgedrückt nur noch fragen, ist es Frechheit, Dummheit, keine Kenntnis der Materie, oder eine Mischung aus allem, was der Wahrheit vermutlich am nächsten kam.

Nachfolgend möchte ich erklären, warum es unmöglich wurde, geforderte Leistung weiterhin sachgerecht und ordnungsgemäß auszuführen.

Beginnen wir mit den Adressen, wo wir nach Prüfung vor Ort feststellen mussten der Name des Betroffenen an der ausgewiesenen Adresse ist nicht mehr vorhanden, nicht am Briefkasten nicht an der Klingel. Bedeutet für uns „unbekannt verzogen". (Diese Rubrik war in unseren Aufträgen von je her ausgedruckt). Oftmals fragten wir bei Hausmitbewohnern, ob sie Kenntnis über den „Auszug" des Betreffenden hatten um so die neue Adresse ermitteln zu können.

Diese Rubrik war in den ersten Jahren meiner Tätigkeit pro Woche auf ca. 2-4 begrenzt. D.h. wir mussten den Auftrag negativ abschließen, da eine Realisierung nicht möglich war, denn der „Schuldner" war nicht mehr dort wohnhaft.

Heute ist es häufig der Fall, dass die Zahl der „unbekannt verzogen" Adressen sich bis auf 10-15 pro Woche ausweitete. Gründe dafür sind u.a. immer mehr Personen müssen aufgrund ihrer finanziellen Engpässe umziehen.

Immer mehr junge Leute leben in Wohngemeinschaften, wo nicht immer alle Namen an Tür und Briefkasten aufgelistet sind.

Auch die Zahl der Personen die ihren festen Wohnsitz verlieren und keinen neuen finden ist stetig angestiegen. Nicht zuletzt gibt es immer mehr „Fake-Adressen", wo Namen zwar auf dem Briefkasten stehen, allerdings ist hier nie jemand anzutreffen, sondern es ist eine sog. Bestelladresse, an die Waren geliefert werden oftmals mit falschen Identitäten und natürlich in der Absicht, das Gelieferte nicht zu bezahlen, sondern sich zu bereichern. Diese Betrugsdelikte wurden von uns an die Hauptstelle weitergeleitet, um Ermittlungen einzuleiten, wenn nötig.

Was aber bedeutete das für uns Mitarbeiter:
Wir fuhren diese Adressen an, mussten realisieren dass sie nicht stimmen oder nicht mehr, haben unsere Zeit verfahren und natürlich unsere Spesen, denn die Kilometer wurden uns <u>nicht</u> extra bezahlt und das nicht nur 1-3 Mal, sondern häufig bis zu 10mal und mehr pro Woche, machte im Extremfall zwischen 30-35 umsonst angefahrene Adressen pro Monat aus.

Jeder kann sich vorstellen, was das für Mitarbeiter bedeutete, Zeit die nicht bezahlt wurde, Kilometerleistungen für unsere PKWs, (denn wir alle fuhren mit unseren Privatfahrzeugen) und Spesen die zunehmend knapper wurden, durch wenig Erhöhungen unserer Spesenpauschalen. Die explodierenden Benzinkosten, und der zusätzlich wachsende Unmut über Arbeitgeber, die Beschwerden der Mitarbeiter ignorierten, Gehaltserhöhungen Fehlanzeige, die sich aber mit einer Selbstverständlichkeit in der Auswahl ihrer Firmenfahrzeuge sicher nicht im Kleinwagenbereich „bedienten".

Ein weiteres großes Problem, das uns täglich begegnete war die zunehmende Überschuldung. Dies bedeutet viele Familien vor allem immer mehr Alleinerziehende können ihren Verpflichtungen nicht mehr nachkommen, die Frage nach dem „Warum" ist nicht in wenigen Worten zu beantworten.

Selbstverständlich ist einer der Gründe immer wieder Arbeitslosigkeit, auch Krankheit, Unterhaltszahlungen bleiben häufiger aus als in früheren Jahren und „neue Arbeit" bedeutet nun leider nicht mehr eine Verbesserung der Situation, sondern häufig das Gegenteil, denn der Niedriglohnbereich macht sich natürlich in diesem Bereich besonders bemerkbar.

Die Frage nach der „Kinderbetreuung" für Alleinerziehende muss ich sicher nicht weiter vertiefen. Es bleibt nur festzustellen, dass eine Möglichkeit der Kinderbetreuung fast einem Lottogewinn gleichkommt, so hörten wir immer häufiger von unseren „Kunden". Einer Berufstätigkeit nachzugehen, die zu den oft unflexiblen Kindergarten- und Hortzeiten passt und auch die Familie noch „ernährt", scheint nicht selten ein Ding der Unmöglichkeit.

Die gestiegenen Lebenshaltungskosten und die explodierenden Energiekosten runden dieses Bild natürlich noch ab.

Bezogen auf meine/unsere Tätigkeit bedeutete das, dass wir immer öfter unsere Aufträge nicht mehr bearbeiten konnten, da der Schuldner keine Möglichkeit der Tilgung mehr sah, viele waren mit Wohnung, Lebensunterhalt, Energie und vielleicht noch 1 Rate vollkommen am Limit oder bereits darüber. Uns blieb häufig nur noch der Rat der/die Betroffenen sollten sich an die Schuldnerberatungen wenden, natürlich gab es viele wo der Gerichtsvollzieher ein und aus ging, was nicht besonders hilfreich ist, allerdings leider trauriger Alltag.

Aufgrund der stetigen Zunahme der Probleme, gab es viele Betroffene, die ihre Wohnungstür nicht mehr öffneten, da sie wussten es gibt keine Lösung. Langzeitarbeitslos, Hartz IV, überall weitere Kürzungen und steigende Zinsen, machten für viele Betroffene das Problem unlösbar.

Ebenso schlimm entwickelte sich der Begriff „ich habe Insolvenz beantragt", häufig hatten die Betroffenen keinerlei Kenntnis der Sachlage, waren falsch bis gar nicht informiert und versuchten einfach nur den „Inkasso-Mitarbeiter" schnell wieder loszuwerden, um erst gar nicht das Gespräch führen zu müssen. Häufig der falsche Weg, aber auch das wurde zur traurigen Realität.

Für unseren Arbeitsalltag gab es immer mehr Unlösbares; denn wir „kämpften" mit:

- falschen und nicht mehr bestehenden Adressen

- Überschuldung und stetig steigender Armut

- deutlich gestiegenen „Verweigerungen" sowohl des Gesprächs, als natürlich vor allem der Begleichung der „Schuld".

- Banken die natürlich immer häufiger keine Daueraufträge und Lastschriften mehr einrichteten, denn die Guthabenkonten vermehrten sich ebenfalls täglich. Überweisungen (unterschiedlich von Bank zu Bank), auch noch 5 – 10 € zusätzlich.

- Vielen Schuldnern wurde das Konto komplett gekündigt (oftmals nach Ablegen der eidesstattlichen Versicherung), somit musste für jede Überweisung extra bezahlt werden, was natürlich realitätsfern ist, aber dank der „Hilfestellung" der Banken, gängige Praxis. Dies bedeutet, der Personenkreis der ohnehin meistens an der unteren Einkommenstabelle angelangt war, darf für jede Überweisung auch noch die nicht unerheblichen Gebühren für sog. Bareinzahlungen tragen.

Der Zynismus dieses Tuns ist für mich auch heute noch schwer nachvollziehbar.

Sie werden sich nun vielleicht fragen, inwieweit das Unternehmen die Bedingungen für Mitarbeiter verändert hat. Welche Maßnahmen wurden gegen den Abwärtstrend ergriffen?

Ich könnte diesen Punkt sehr verkürzen, indem ich Ihnen mitteile:

Nichts hat sich verändert

und Nichts wurde von der Außendienstleistung bzw. Geschäftsführung unternommen.

Dies würde aber nicht wiederspiegeln, was uns als Mitarbeitern zugemutet wurde.

Von uns wurde erwartet, dass wir nach wie vor gemäß unseren Vorgaben arbeiteten, die ich Ihnen bereits geschildert habe.

- Bezahlte Stunden lt. Vertrag 8 Std. Wochenarbeitszeit

- Spesen die durch den Mehraufwand mehr und mehr unrealistisch waren und eine sog. Fallerledigung von 12-13 Aufträgen pro Woche die nicht mehr zu erreichen war.

- Nicht wenige Mitarbeiter erreichten eine Wochenarbeitszeit von ca. 23-26 Std. natürlich nicht aus Überzeugung, sondern aus Angst um den Arbeitsplatz.

- Andere verließen das Unternehmen so schnell es eben möglich war. Denn drittklassige Arbeitgeber gibt es wie den berühmten „Sand am Meer" und schlimmer konnte es fast nicht kommen.

Das war unter uns Kollegen die einheitliche Meinung, trotzdem war es nicht für jeden möglich schnell einen neuen Arbeitsplatz zu finden, da es eben regional große Unterschiede gibt und einige es auch aus „Altersgründen" schwerer hatten sich neu zu orientieren.

Sicher muss ich nicht weiter auf das Betriebsklima eingehen, jeder kann sich vorstellen mit welcher „Zufriedenheit" wir täglich an unseren Arbeitsalltag herangingen.

Abschließend zu diesem Punkt sei angemerkt, dass die Geschäftsleitung ausgetauscht wurde, eine neue Außendienstleitung installiert wurde und auch der von den Mitarbeitern geschätzte Hauptbetriebsrat in den vorzeitigen Ruhestand ging. Was blieb war ein etwas hilflos agierender Betriebsrat, der eigentlich für die Belange des Außendienstes zuständig sein sollte.

Des Weiteren eine Geschäftsführung in welcher zumindest einer von Beiden, nicht so richtig verstanden hatte, was in seinem Metier getan werden muss.

Darüber hinaus desgleichen in der Außendienstleitung, die ebenfalls aus zwei Herren bestand und man kann nur unterstreichen, dass auch hier einer von Beiden, weder eine überzeugende fachliche Qualifikation mitbrachte, (was uns sog. altgedienten Mitarbeitern), sehr schnell auf den Außendiensttagungen klar wurde.

Auf die menschlichen Qualitäten dieser Führungskraft möchte ich hier nicht näher eingehen, da ich dem Herrn nicht zu einer Plattform verhelfen möchte, indem man ihm zu viel Aufmerksamkeit widmet. Belassen wir es dabei, dass er vielen Kollegen sehr schadete. Ich werde Sie aber nicht mit den menschlichen Unzulänglichkeiten von sogenannten Führungskräften langweilen, denn ich bin sicher, jedem begegnet im Laufe seines Berufslebens, eine Person auf die diese Beschreibung passt und wir alle tun gut daran, diese Charaktere so schnell als möglich wieder zu vergessen.

2.6 Fälle aus der Praxis

Nach 15-jähriger Berufserfahrung in diesem Bereich, möchte ich Ihnen die „gelebte Praxis" nicht vorenthalten. Die hier beschriebenen Fälle sind keineswegs Fantasiegeschichten, sondern wahrheitsgemäß geschildert, alle – ohne Ausnahme – lagen irgendwann auf meinem Schreibtisch. Den Ärger den ich mir durch Verweigerungen derartiges zu bearbeiten zugezogen hatte, kann sich jeder, auch jeder Laie vorstellen.

Anhand dieser Berichte kann sich jeder ein besseres Bild machen, wie zum Teil gearbeitet wurde, was man uns als Sachbearbeiter zumuten wollte und vor allem wie gewisse Fälle auch für die Betroffenen aus dem Ruder liefen.

Ergänzend möchte ich im Vorfeld hinzufügen, dass das eine „Entwicklungsgeschichte" der letzten Jahre war. Es hatte nichts mehr mit dem Inkassogeschäft zu tun, das ich und die Mehrheit meiner Kollegen vor mehr als einem Jahrzehnt gelernt hatten. Die Fehlerquellen waren unschwer zu erkennen; die Oberflächlichkeit mit der vieles gehändelt wurde oftmals für uns Mitarbeiter eine Zumutung, die Arbeitsverweigerungen wuchsen, mit dem entsprechenden Ärger für jeden Einzelnen.

Und: Immer mehr nahm bei uns Sachbearbeitern der Wunsch zu, wesentlich mehr Schuldner sollten die finanziellen Mittel haben um zum Rechtsanwalt gehen zu können und gewisse haarsträubende Fälle dem Fachanwalt bearbeiten zu lassen.

Selbstverständlich hat das nichts damit zu tun, dass auch ein Rechtsanwalt Schulden, die gemacht wurden, möglichst der Rückzahlung zuführt und den Gläubiger bedient. Allerdings zeigte die zunehmende Problematik vieler Fälle, dass es sowohl an der Sorgfaltspflicht mangelte, als auch niemand in der Unternehmensführung bereit war, Vorgänge zu stoppen oder Anweisungen zu ändern. Weder die Außendienstleitung, noch die Geschäftsleitung noch die Gebietsleiter sahen sich in der Lage, grundlegendes zu verbessern bzw. an den hohen Fehlerquellen in der Bearbeitung etwas zu reformieren, was mehr als dringend nötig gewesen wäre. Nicht nur für den Außendienst, auch für die Sachbearbeiter im Innendienst wurde es immer problematischer,- vernünftiges arbeiten sah anders aus.

Weiterhin möchte ich betonen, dass diese Aufzeichnungen, jeder rechtlichen Prüfung standhalten, wahrheitsgemäß aus Kopien die ich mir anfertigte, (da ich Originalaufträge zurückschicken musste), übernommen habe und auch nicht gegen Datenschutzrichtlinien verstoße.

Ich nenne keine Namen, keine Anschriften von Schuldnern und auch bei der Nennung der Gläubiger, belasse ich dies bei allgemeinen Formulierungen, wie Bank (ohne genaue Bezeichnung – welche Bank), oder Versandhaus, Autobank, Elektrofachmarkt, aber alles ohne Namensnennung.

Die Zeiten wo man(n) durch Aktennotizen und aufzeigen von vielen Problemfeldern etwas erreichen konnte war vorbei. Ich machte mir häufig die Mühe und schickte extrem chaotische Fälle meinen Vorgesetzten, bis ich feststellen musste, dass dies nicht nur nicht mehr gewünscht wurde, sondern man teilte mir durchaus klar mit, ich sollte besser meinem Tagesgeschäft nachgehen und mich nicht mit Einzelfällen aufhalten, denn in jedem Unternehmen das kontinuierlich wächst gibt es eben „einige einzelne Extremfälle", dies sei nun mal nicht zu verhindern. Des Weiteren wünschten sich meine Vorgesetzten von mir, dass ich mich nicht so sehr um die Belange „meiner Schuldner" kümmere, sondern vielmehr im Interesse des Unternehmens handeln würde, denn dies wäre schließlich meine Aufgabe und genau das war man auch viele Jahre von mir gewohnt. Dass aber nicht ich bzw. wir unsere Arbeitsweise verändert hatten, sondern die Unternehmenskultur sehr fragwürdig geworden war sollte nicht thematisiert werden. Die Mehrheit der Mitarbeiter verstand die Zielsetzung des Unternehmens nicht mehr, was sich natürlich extrem auf die „Motivation" auswirkte.

Fall Nr. 1:

Beginnen werde ich mit einem Fall aus dem Jahr 2009, dessen Bearbeitung ich verweigerte, was mir relativ viel Ärger einbrachte und mir genau das mitgeteilt wurde, was ich oben bereits erwähnte.

Die offene Hauptforderung einer ehemaligen Sammelbestellung eines Versandhauses aus dem Jahr 1978 belief sich auf:

Die aufgelaufenen Verzugszinsen von Okt. 1978-Nov. 2009 bei einem Zinssatz von 18% hatten die unglaubliche Zahl von:
erreicht.

Es wurden über Jahrzehnte Zahlungen vom Schuldner geleistet, die in Höhe von: **€ 9.292,76** zu Buche schlugen.

Zusätzlich wurde eine Einmalzahlung in Höhe von: € 2.500,-- geleistet (im Jahr 2006).

Mit Sicherheit ist dem Schuldner mit der Einmalzahlung die Beendigung dieses Dramas versprochen worden, nur leider ist nichts dergleichen passiert.

Sondern!! Das Unternehmen wollte im Jahr 2009 nicht nur, dass ich dieses Chaos bearbeite, sondern wollte weitere
€ 3.930,51 als sog. Restforderung „kassieren".

Ich möchte Sie nicht in den Glauben versetzen, dass derartige Fälle an der Tagesordnung waren. Natürlich nicht!! Denn kein Unternehmen könnte – ohne sich strafbar zu machen – mit solchen Fällen auf Dauer arbeiten, ohne die Zulassung beim BIDU nicht zu gefährden.

Trotzdem entspricht es den Tatsachen, dass die unlösbaren und nicht legitimen Fälle sich häuften, die Arbeitsverweigerungen ebenso.

Wie eingangs erwähnt, besteht bei Aufträgen „dieser Qualität" viel Erklärungsbedarf, um für Sie als Leser das Bild von INKASSO nicht komplett zu verzerren, denn ich kann Ihnen bestätigen und möchte noch einmal ausdrücklich betonen, es wurde nicht immer so gearbeitet, ich habe eine komplett andere Arbeitsweise kennengelernt, durfte diese auch viele Jahre mit Erfolg praktizieren, auch die „alt gedienten Kollegen" würden nichts Anderes bestätigen.

Außerdem beziehen sich meine Aufzeichnungen auf ein und dasselbe Unternehmen, ich weiß nicht wie in anderen Inkasso-Unternehmen gearbeitet wurde und wird und möchte kein einseitiges Bild im Hinblick auf andere Unternehmen abgeben.

Doch nun zurück zu diesem spektakulären Fall. Jeder normale Betrachter wird sich nun mit Recht fragen... Wie kann so etwas zustande kommen???

Man muss kein Rechtsexperte sein und keine „Insiderkenntnisse" mitbringen um festzustellen, dass das eigentlich unmöglich ist. Natürlich habe ich damals genauso reagiert und eigentlich nur noch gefragt, wieso geht ein derart Geschädigter nicht zum Fachanwalt.

Zum besseren Verständnis um die „Unglaublichkeit" dieses Falles zu erklären, werde ich hier die Punkte aufzeigen, die eine Bearbeitung unmöglich machen und andererseits transparent wird, <u>was gesetzlich nicht zulässig ist.</u>

Der Vollstreckungstitel war aus dem Jahr 1978, somit im Jahre 2009 mehr als 30 Jahre alt. Eine Titulierung läuft 30 Jahre, war somit bereits gerichtlich nicht mehr zu verfolgen, lag aber trotzdem auf meinem Schreibtisch.

Verzugszinsen in Höhe von 18% sind nicht zulässig, man spricht hier von Wucherzins.

Kontoführungsgebühren eines Inkasso-Unternehmens dürfen dem Schuldner nicht berechnet werden; in diesem Fall beliefen sie sich auf eine stolze Summe von € 216,02.

Darüber hinaus war namentlich ein sog. Zweitschuldner zu ersehen, dieser hat im Jahr 2006 eine Einmalzahlung in Höhe von € 2.500,-- geleistet. Es war offiziell so, dass der Innendienstbereich, dem Schuldner einmalige Zahlungen in Schriftform anbieten konnte, wenn der Schuldner das Angebot annahm, bekam er nach der Bezahlung von uns Sachbearbeitern eine Quittung ausgehändigt, aus der hervorging, dass die Angelegenheit komplett erledigt war, nach Buchung bei der Hausbank des Unternehmens, bekam der Schuldner vom Innendienst ein Schreiben, wo dieses nochmal bestätigt wurde. Der

Schuldner war mit dieser Unterlage und der dazugehörigen Quittung berechtigt, seinen Schuldtitel bei der Schufa anzufordern.

Eine noch bestehende Restschuld wurde mit einer Einmalzahlung erlassen. (Die exakten Begriffserklärungen finden Sie auch hier im Glossar). Auch das ist im beschriebenen Fall nicht passiert. Die Einmalzahlung ist erfolgt, die Ausbuchung der Restsumme von Seiten des Unternehmens NICHT!!!

Nach diesen spektakulären Zahlen und Vorgängen war das noch nicht ALLES; das Unternehmen war der Auffassung, dass ich als Sachbearbeiter dem Schuldner im November 2009 noch die stolze Summe von 3.930,51 als offen mitteile und diese dann auch der Begleichung zuführe.

Sie müssen nicht Jura studiert haben um zu verstehen, dass derartige Forderungen weder gesetzlich, noch von Bank- und Unternehmerseite zu legitimieren sind.

Es zeigt aber auch, dass die Zumutbarkeit für uns Sachbearbeiter überschritten war und der Bezug zu einer realistischen Bearbeitung, von Seiten der Unternehmensführung, nicht mehr erkennbar.

Wie bereits erwähnt ist o.g. Fall, als wirkliches Extrembeispiel zu bezeichnen. Die hohen innerbetrieblichen Pannen und Fehlerquellen häuften sich allerdings ebenso, wie eine Zunahme an ähnlich gelagerten Fällen, deutlich machte.

Nachdem ich besagten Fall in der Bearbeitung verweigerte, habe ich keine Kenntnis davon, wie dem Betreffenden derartiges über die vielen Jahre überhaupt passieren konnte und, dies ist natürlich die wichtigste Frage, warum er nicht zum Anwalt ging um diesen Vorgang zu beenden. Für den Rechtsanwalt relativ leicht, für das Inkasso-Unternehmen hätte dies mit einer Anzeige enden können und sollen!

Auch hier noch einmal mein Rat an SIE – kümmern Sie sich immer um Ihre Schulden – damit Ihnen derartiges erspart bleibt.

Fall Nr. 2:

Einen weiteren interessanten Fall, möchte ich Ihnen nicht vorenthalten.

Diesmal ist der Gläubiger eine Bank. Im Ergebnis ebenso „katastrophal", wenn auch anders in den Details.

Ebenso wie bei Fall 1, ist auch hier der Vollstreckungstitel mehr als 30 Jahre alt (aus dem Jahr 1976, bearbeitet sollte dieser werden (von mir), im Jahr 2006.

Die Bank kündigte dem Darlehensnehmer das Konto in Höhe von € 4.014,80.

Nach der Übernahme des Inkasso-Dienstes belief sich die Hauptforderung auf € 4.314,80.

Spannend ist, was von 1976 – 2006 an Verzugszinsen berechnet wurde: es wurde die stolze Zahl von € 24.168,24 ausgewiesen.

Weitere Kosten die dazugerechnet wurden, wie Inkasso-Vergütung und Gerichtsvollzieherkosten stand in meinem Auftrag die unglaubliche offene Gesamtforderung von € 30.797,27.

Der Schuldner hatte 30 Jahre NICHTS bezahlt und hatte weitere offene Verpflichtungen an anderen Stellen in Höhe von

Meine Vorgesetzten waren auch in diesem Fall der Ansicht, dass ich dies zu bearbeiten habe. Es ist sicher un-

schwer zu erkennen, dass der Ärger zwischen uns Sachbearbeitern und Vorgesetzten immer mehr zunahm. Wir
fragten nach der Realität und vor allem nach der Ver-
hältnismäßigkeit:

*Denn es ist ganz selbstverständlich, dass: Wenn ein Schuldner
30 Jahre absolut nichts getan hat, um seine Situation zu verbessern, seinen Verbindlichkeiten in keiner Weise nachgekom-
men ist, dann „wartet er/sie ganz bestimmt auf Jemanden vom
Inkassodienst, damit er daran erinnert wird, sich um Schulden
zu kümmern, die nicht nur mehr als 30 Jahre alt sind, sondern
auch von einer Summe von ca. 4.000,-- auf stolze 31.000,--
angewachsen sind.*

Wir Kollegen fragten mit Zynismus, ob sich wohl bei einigen Führungskräften, das einstellte, was man „Reali-
tätsverlust" nennt. Es gab eigentlich niemanden mehr der
das bezweifelte.

Fall Nr. 3:

Auch der nächste geschilderte Fall ist mehr als grenzwer-
tig.
Eine nicht bezahlte Rechnung einer Sammelbestellung
eines Großversandhauses aus dem Jahr 1991 belief sich
auf **€ 595,90.**

Gerne berechnete man bei derartigen Streitfällen überhöhte Zinsen von 13,70%, somit entstandene Verzugszinsen von 1991 – 2009 in Höhe von **€ 1.452,81**

Vom Schuldner bezahlt in o.g. Zeitraum waren € **2.305,00.**
Der Betroffene bezahlte über die gesamte Laufzeit einen Zinssatz der nicht zulässig war – und abschließend wollte das Unternehmen noch eine Restzahlung in Höhe von **€ 81,77.**

Ich erlaubte mir den Kommentar, dass das sicher nicht mit meiner „Arbeitsunterstützung" geschehen wird; was auch wieder zur „Begeisterung" meiner Vorgesetzten führte.

Fall Nr. 4:

Ein weiteres Highlight aus dem „weiten Feld" der Sammelbestellungen von Großversendern:
Ursprüngliche Schuld aus dem Jahr 1974:   **€ 529,95**
Verzugszinsen von 11,70% von 1974 – 2009:
Geleistete Zahlungen über die gesamte Laufzeit
€ NULL
Gesamtbetrag: **€ 3.381,04**

Gern versuchte man auch abgelaufene Vollstreckungstitel wie in diesem Fall noch zu realisieren; insofern die Mitarbeiter bereit waren dies zu versuchen, was allerdings in meinem Fall und auch bei den meisten Kollegen zwecklos war, uns mit diesen Fällen zu beauftragen.

„Spannend" waren auch immer Forderungen aus geplatzten Darlehensverträgen,
die der Schuldner (aus welchem Grund auch immer), nicht mehr bedienen konnte – und der Gerichtsvollzieher ebenfalls nichts ausrichten konnte; da es bei dem Betroffenen zu dem damaligen Zeitpunkt nichts „zu holen oder zu pfänden gab".

Gern versuchte man uns derartige aussichtslose Fälle zur Bearbeitung zu übertragen und war ernsthaft verwundert, wenn unsere Erfolgsaussichten mal wieder gleich NULL waren.

Fall Nr. 5:

Ein Fall aus dem Jahr 1981 verdeutlicht sehr anschaulich was ich Ihnen erklären möchte.
Die damalige Hauptforderung (geplatzter Kredit bei einer Großbank): **€ 10.045,--**

Verzugszinsen von 1981 – 2008: **€ 49.834,--**
ergaben mit Inkassovergütung, Gerichtsvollzieherkosten,
den nicht ganz unerheblichen Betrag einer offenen Gesamtforderung von:

Fall Nr. 6:

Eine weitere Großbank lies einem Geschäftsinhaber sein
Geschäftsgirokonto im Jahr 1998 auf:
€ 220.206,-- überziehen.
Nachdem auch in diesem Fall der Kredit geplatzt war,
beliefen sich die Anwaltskosten auf € **1.160,--**.
Gerichtsvollzieherkosten in Höhe von **€ 4.937,--**
dazu berechnete man Verzugszinsen von 1996-2009 von
€ 262.153,--
so dass wir einen Gesamtforderungsbetrag im Auftrag
hatten von **€ 492.578,--** .

Jeder „normale Leser" kann sich derartige Zahlen nur
schwer vorstellen. Denn, ich möchte behaupten, dass wir
ALLE nicht zu der Einkommensklasse gehören, in der
man ein Girokonto derartig strapazieren kann, um überhaupt auf eine solche Schuldsumme zu kommen. Wenn
sich allerdings diese ohnehin schon sehr große Summe

noch mehr als verdoppelt, kann man sich sicher auch die Lage des betroffenen Geschäftsmannes vorstellen.

Heute sind dies Fälle die der Insolvenz zugeführt werden; aber dies war nicht immer so und außerdem gibt es VIELE mittelständische Unternehmen, die auch mit ihrem Privatvermögen haften. Inwieweit natürlich auch die Banken eine Mitschuld tragen steht außer Frage und ist nicht diskussionswürdig.

Meine Liste ließe sich beliebig fortsetzen und meine Kollegen könnten durchaus weitere Bücher füllen; dies ist aber nicht zielführend.

Wichtig ist, dass es für den Leser transparent wird, welche Veränderungen sich in unserer Arbeit ergaben und welche Rahmenbedingungen wir mehr und mehr vorfanden. Es darf ebenso aufgezeigt werden, was Führungskräfte glaubten uns zumuten zu dürfen, bzw. welche Art Unternehmenskultur sich eingeschlichen hatte, wenn o.g. sich immer mehr häufte.

Noch immer machte ich mir die Mühe für mich und auch im Namen der Kollegen, auf Missstände aufmerksam zu machen, schrieb Aktennotizen, suchte Gespräche um solche Unzulänglichkeiten aufzuzeigen und fragwürdige

Geschäftspraktiken anzusprechen. Es wurde nicht mehr gehört, sondern ich galt nur noch als extrem unbequem und als Querulant.

Die sog. unbequemen Mitarbeiter wurden mehr, oder verließen das Unternehmen scharenweise, allerdings waren es auch zunehmend Führungskräfte, die der Firma den Rücken kehrten, da sie ebenso der Meinung waren, wie wir Mitarbeiter, dass vieles nicht mehr vermittelbar war und Einige zeigten auch für uns Verständnis, dass wir ein derartiges Niveau nicht bedienen wollten.

Der Betriebsrat hatte in diesen „schweren Zeiten" sehr viel zu tun. Immer mehr Mitarbeiter fühlten sich von Vorgesetzten unter Druck gesetzt und waren nicht mehr bereit dies hinzunehmen.
Das Schlagwort lautete „Glaubwürdigkeit". Wir appellierten gemeinsam mit dem BR an die Führungsetage, dass unsere Arbeitsqualität mehr und mehr schwindet, da aufgrund der Qualität der Aufträge ein solides arbeiten fast nicht mehr möglich war.

Es steht außer Frage, dass wir von Auftraggebern, nicht nur an der Quantität der bearbeiteten Aufträge beurteilt wurden, sondern vor allem an der Qualität – und Qualität hat selbstverständlich in großem Maß mit der Glaubwürdigkeit eines Unternehmens und deren Mitarbeiter zu tun.

Im Fall des beschriebenen Unternehmens war Glaubwürdigkeit dem Auftraggeber
gegenüber fast schon ein Novum; und Solidarität und Fairness für die Mitarbeiter ausgestorben.

Glossar mit ausführlichen Erklärungen von Fachbegriffen

Um Sie weiter zu unterstützen und SIE sich in der manchmal komplizierten „Inkassosprache" besser zurechtfinden, auch das TUN von Inkassomitarbeitern, Gerichtsvollziehern, sowie Schuldenberatern, besser verstehen zu lernen, möchte ich Ihnen eine Vielzahl an Begriffen erklären.

Vieles klingt schwieriger als es ist, unbestritten ist aber auch, dass es eine „Hilfestellung" darstellt, wenn man den Sinn und die rechtliche Bedeutung der verwendeten Begriffe versteht. Mancher Fachbegriff erklärt sich fast von selbst. Bei anderen komplexeren Begriffen ist es sicher eine gute Unterstützung die genaue Definition zu haben.

Ich werde versuchen, Ihnen so knapp wie möglich, aber so umfangreich wie nötig, die Fachsprache näher zu bringen, so dass Sie auch die Scheu davor weitgehend verlieren. Gehen Sie einfach davon aus, auch wir Inkassomitarbeiter, sowie alle anderen Instanzen, Gerichtsvollzieher, Schuldenberater, ja sogar Fachanwälte, mussten die Materie erstmal ebenso verstehen lernen und aller Anfang ist eben schwer.

HAUPTFORDERUNG

Als Hauptforderung bezeichnet man die Forderung seitens des Gläubigers, die aufgrund einer nicht bezahlten Rechnung gegenüber dem Schuldner geltend gemacht wird.

Die Hauptforderung beinhaltet den offenen Rechnungsbetrag – aber ohne Nebenforderungen, wie z.B. Zinsen, allerdings sind in der Hauptforderung oftmals die Kosten von Zahlungserinnerungen und Mahngebühren enthalten.

ZAHLUNGSERINNERUNG

Spätestens 30 Tage nach Zugang und Fälligkeit der Rechnung gerät der Schuldner in Zahlungsverzug. Wenn er die 1. Aufforderung erhält, ist diese meist sehr höflich formuliert, als Gedankenstütze zu verstehen und in der Regel als Zahlungserinnerung zu werten, ohne Zusatzkosten.

MAHNUNG

Ab der 2. Mahnung ist der Schuldner verpflichtet der offenen Rechnung nachzukommen, so er die Ware behalten hat, kein Einspruch erhoben wurde wegen Falschlieferung oder Beschädigung. Die Mahngebühr liegt in der Regel zwischen 3 und 5€.

Es gibt keine gesetzliche Regelung über die Höhe der Mahngebühr. Es gibt kein Gerichtsurteil darüber, dass der Schuldner eine bestimmte, festgesetzte Summe zu bezahlen hat.

Unbestritten ist, dass der Gläubiger bei Zahlungsverzug seinen Mehraufwand (wie erneutes Schreiben, die damit verbundene Arbeitszeit, Porto etc.), dem Schuldner in Rechnung stellen darf, wobei die Höhe oftmals strittig ist, eben aus o.g. Gründen, da es keine einheitliche Rechtsprechung gibt.

Es gilt die Regel: Mahngebühren dürfen erhoben werden, allerdings müssen sie in einer realistischen Höhe zu dem offenen Rechnungsbetrag stehen und dürfen nicht der „Bereicherung" des Gläubigers dienen.

Mahngebühren sind als Schadenersatzanspruch für den Gläubiger zu verstehen, allerdings in überschaubarer Höhe. Sollten Sie berechtigte Zweifel an der Höhe der Mahngebühren haben, können Sie sich jederzeit an die Schuldenberatungsstellen, Verbraucherzentralen o.ä. wenden.

MAHNBESCHEID

Was versteht man unter Mahnverfahren?

Das Mahnverfahren ist ein einfacher Weg und kostengünstiger um dem Gläubiger gegen den Schuldner zu seinem Recht (Geld) zu verhelfen. Hintergrund ist – das um ein vielfaches teurere Verfahren vor Gericht zu vermeiden.

Sollten Sie einen Mahnbescheid erhalten, müssen Sie selbst prüfen, ob dem Gläubiger die darin geforderte Geldsumme zusteht, dieses wird vom Gericht nicht geprüft, auch wird der Schuldner vor Erlass des Mahnbescheides nicht befragt.

Ganz wichtig!!
Besteht die im Mahnbescheid genannte Forderung (Geldbetrag), wäre es ratsam, diese sofort zu bezahlen, um weitere erhebliche Zusatzkosten, wie die anfallenden Gebühren für einen Vollstreckungsbescheid, zu verhindern.

WIDERSPRUCH

Ist die Forderung Ihrer Meinung nach zu Unrecht erhoben, können Sie binnen einer Frist von 2 Wochen, (ab Zustellung des Mahnbescheides), schriftlich beim Amtsgericht Widerspruch einlegen. Die Frist von 2 Wochen kann nicht verlängert werden. Dem Mahnbescheid liegt ein Widerspruchsformular bei, das unbedingt zu nutzen ist.

VOLLSTRECKUNGSBESCHEID

Haben Sie nicht oder zu spät (nach Ablauf der 2-Wochen-Frist) widersprochen und auch die offene Forderung nicht bezahlt, so wird Ihnen auf Antrag des Gläubigers ein Vollstreckungsbescheid zugestellt. Dieser enthält neben der offenen Forderung auch noch die inzwischen angefallenen Kosten und Gebühren.

Wird der Vollstreckungsbescheid durch den Gerichtsvollzieher zugestellt, kann dieser sofort nach der Zustellung versuchen eine Zwangsvollstreckung durchzuführen. (Dazu ist er berechtigt).

EINSPRUCH

Sie können gegen den Vollstreckungsbescheid innerhalb von 2 Wochen – ab Zustellung – schriftlich Einspruch einlegen.

VERZUG + VERZUGSZINSEN

Von Zahlungsverzug spricht man, wenn ein Schuldner nach Zustellung einer Rechnung diese nicht beglichen hat, spricht man von Zahlungsverzug, wenn nichts Anderes schriftlich vereinbart wurde. Wichtig dabei, der Zugang der Rechnung muss bewiesen werden können.

Nach Ablauf einer 30-Tage-Frist dürfen Verzugszinsen berechnet werden.

Der Zinsanspruch verjährt gemäß § 195 BGB in drei Jahren. Um die Verjährung zu unterbrechen, muss vor Ablauf der Frist ein erneuter Vollstreckungsversuch eingeleitet werden.

BASISZINSSATZ

Häufig finden Sie in Inkasso-Aufträgen bei Verzugszinsen auch das Wort Basiszins.

Gemäß § 288 Abs. 1 BGB, wird eine Geldschuld mit einem Zinssatz von 5 % Punkten über dem Basiszinssatz verzinst. Der Basiszinssatz dient als Berechnung des Zinsschadens.

RATENVERTRAG – SCHULDANERKENNTNIS

Ein mit dem Inkassodienst geschlossener Ratenvertrag wird auch als Schuldanerkenntnis bezeichnet. Dieses ist ein Vertrag, wodurch das Bestehen einer Schuld anerkannt wird.

Der Schuldner unterschreibt diesen Ratenvertrag mit der Absicht, die vereinbarten Teilzahlungen (meist monatlich) zu bezahlen, der Inkassodienst teilt somit die Anerkennung der Schuld dem Gläubiger mit und „erlaubt" im Gegenzug dem Schuldner die vorhandene Summe in Raten zu bezahlen, damit dieser mit kleineren Beträgen, seinen offenen Rechnungen leichter nachkommen kann. Es gibt auch eine Unterschrift des Mitarbeiters des Inkassodienstes, um die Vereinbarung zu bestätigen.

Für die Rechtssicherheit des Gläubigers kann dieses Schuldanerkenntnis in einer notariellen vollstreckbaren Urkunde festgehalten werden. Dies hat für den Gläubiger den Vorteil, sollte der Schuldner seinen Verpflichtungen nicht – oder nicht mehr nachkommen, dass sofort ein vollstreckbarer Titel vorliegt.

Vorteilhaft ist weiterhin, dass die finanzielle Belastung für ein freiwilliges notarielles Schuldanerkenntnis, kostengünstiger ist, als für einen Vollstreckungsbescheid im gerichtlichen Mahnverfahren.

GESAMTFORDERUNG

Als Gesamtforderung bezeichnet man die Summe die auf die Ursprungsschuld (Hauptforderung) + Verzugszinsen, + Inkassogebühren, ggf. Gerichtsvollzieherkosten, bzw. bereits angefallene Anwaltsgebühren, noch hinzugerechnet werden.

SICHERUNGSABTRETUNG

In den Ratenverträgen mit denen ich/wir gearbeitet haben, stand unter dem Punkt Sicherungsabtretung:

Zur Sicherung und in der Höhe der ausgewiesenen Gesamtforderung zzgl. Eines <u>Aufschlages von 20%</u> trete ich den pfändbaren Teil meiner Ansprüche auf Lohn, Gehalt und weiterer Einkünfte wie Provisionen aus selbst- und nichtselbständiger und freiberuflicher Arbeit ab. Dieses gilt ebenfalls für Abfindungen, Arbeitslosengeld I (insofern die entsprechende Pfändungsfreigrenze erreicht wird). Auch Renten und Pensionen in entsprechender Höhe sind davon betroffen.

KONTOFÜHRUNGSGEBÜHREN

Bei sog. Kontoführungsgebühren geht es nicht um die Kosten für das Girokonto des Inkassounternehmens, auch nicht des Gläubigers, sondern um ein extra eingerichtetes Forderungskonto für den Schuldner, innerhalb der eigenen Buchhaltung. Dafür darf aber keine Extragebühr verlangt werden. Die Überwachung der Forderung und die Buchung der Zahlungseingänge, sind Bestandteil zur allgemeinen Geschäftstätigkeit des Inkassounternehmens und sind bereits durch die Inkassogebühr abgedeckt.
Bedeutet für Sie: <u>nicht zu bezahlen!</u>

ZINSSTOP

Gängige Praxis und eine hilfreiche Unterstützung für die Betroffenen war, dass wir in Absprache mit Vorgesetzten, dem Schuldner einen Zinsstop anbieten konnten. D.h. wenn der Schuldner sich als zuverlässig erwies und sich an das Vereinbarte hielt, gab es die Möglichkeit als zusätzliche Unterstützung die Zinsen für 1 Jahr stillzulegen. Der Vorgang konnte nach Ablauf auch noch ein weiteres Jahr verlängert werden.

FESTSCHREIBUNG

Hilfreich war auch immer eine Festschreibung. Dieses ist, wie auch der Zinsstop eine unterstützende Maßnahme, um dem Schuldner entgegenzukommen. Es war uns erlaubt die Schuldsumme festzuschreiben (bei titulierten Forderungen meist, wenn diese besonders alt waren), so dass der Schuldner an einer feststehenden Summe bezahlte, ohne, dass weitere Kosten, Gebühren und Zinsen dazukamen. Dies war ebenfalls für ein Jahr möglich, mit Option auf ein weiteres Jahr Verlängerung.

Auch die Möglichkeit die nicht komplette Schuldsumme festzuschreiben, sondern auf titulierte Altforderungen 25% Nachlass zugeben und die dann reduzierte Forderung festzuschreiben, bestand durchaus. Für uns Mitarbeiter eine gute Möglichkeit dem Schuldner zu helfen, für die Betroffenen eine Maßnahme den Ansporn gab, den offenen Beträgen nachzukommen.

Zum besseren Verständnis möchte ich Ihnen folgendes Beispiel geben:

Eine titulierte Altforderung einer Bank in Höhe von 10.000,--€ (Gesamtforderung) konnte von uns z.B. mit einem Abzug

in Höhe von 25%   =   2.500,--€

auf eine Summe von   7.500,--€

festgeschrieben werden, (für 1 Jahr), damit bezahlte der Schuldner für die nächsten 12 Monate an einer Schuldsumme in Höhe von 7.500,-- und nicht wie eigentlich im Auftrag stand an 10.000,--€. Die Möglichkeit einer Verlängerung um ein weiteres Jahr war durchaus gegeben.

STUNDUNG

Wenn eine sehr hohe Gesamtforderung nicht sofort bezahlt werden konnte, oder der Verpflichtete mehrere offene Forderungen hatte, oder er/sie arbeitslos, krank oder plötzlich alleinerziehend war, gab es die Möglichkeit der Stundung in Form eines Abzahlungsvergleichs um Zwangsmaßnahmen zu vermeiden.

VERGLEICH / EINMALZAHLUNG

Gern habe ich „meinen Schuldnern" auch sog. Vergleiche angeboten um ihnen die Möglichkeit zu geben so schnell als möglich aus den Schulden herauszukommen.

Bei Ratenverträgen besteht die Möglichkeit mit Monatsraten an der Gesamtschuld zu arbeiten. Oftmals habe ich dann, wenn der Schuldner bereits die Hälfte der Rechnung abgetragen hatte, ein Angebot gemacht, dass er noch eine bestimmte Teilsumme in einer Einmalzahlung bezahlt und dann die sog. Restschuld erlassen werden konnte dies wurde dann auch in Schriftform bestätigt, so dass die Forderung als komplett ausgeglichen galt.

Auch hierzu wieder ein Beispiel:
Die Gesamtforderung belief sich auf € 2.500,--
Der Schuldner zahlte 8 Monatsraten zu je € 200,--

= € 1.600,--
Wenn es ihm/ihr möglich war eine Einmalzahlung von z.B. weiteren € 450,-- zu leisten konnte ich ihm die restliche Summe von weiteren € 450,-- erlassen. Auf der von mir ausgestellten Quittung stand dann der Vermerk „Ablösung komplett erledigt".

Je nach Höhe der Schuldsumme und nachdem wie alt die Gesamtforderung war, konnte der Nachlass auch in unterschiedlicher Höhe gewährt werden.

Ich möchte ausdrücklich darauf hinweisen, dass der In-kasso-Mitarbeiter <u>nicht</u> verpflichtet ist dies anzubieten und dass es keine gesetzliche Maßnahme gibt dies einzu-fordern. Allerdings kannte ich keinen Kollegen(in), der nicht gern von dieser Möglichkeit Gebrauch machte. Man spricht hier auch von Restschuldbefreiung, da durch eine Einmalzahlung die sog. Restschuld erlassen werden kann und der Ratenvertrag als Vergleich beendet wird.

ZWEITSCHULDNER

Hier möchte ich gern zu extrem großer Vorsicht raten.

Von Zweitschuldner spricht man, wenn ein Verpflichte-ter zu wenig Einkommen hat. Niedriglohn, Arbeitslosen-geld, kleine Rente, so dass der Zweifel des Gläubigers berechtigt erscheint, dass der Schuldner mit höchster Wahrscheinlichkeit seinen Verpflichtungen nicht – oder nicht in vollem Umfang nachkommen kann. Es ist gängi-ge Praxis, eine weitere Person, mit zu verpflichten, die u.U. durch eine Unterschrift bekundet, die Zahlungen zu übernehmen, sollte der eigentliche Schuldner, durch wel-che Umstände auch immer – ausfallen.

Dies muss nicht in böser Absicht des Schuldners gesche-hen. Stellen Sie sich vor, sie versprechen, dem Betroffe-nen mit einer Ratenzahlung zu „unterstützen", da sein Einkommen zu klein ist. Der Betroffene wird arbeitslos, krank, oder kann aus welchem Grund auch immer seinen Ratenvertrag nicht mehr bezahlen.

Sowohl das Inkassounternehmen, als auch der Gläubiger wird an Sie herantreten, wenn Sie sich im Vorfeld, durch ihre Unterschrift verpflichtet haben, Zahlungen zu leisten.

Nicht selten kamen sog. Zweitschuldner in die Situation hohe Geldbeträge tilgen zu müssen, weil sie im falschen Moment aus Gutgläubigkeit, falsch verstandener Hilfsbereitschaft, oder einfach Unwissenheit, zu leichtfertig mit ihrer Unterschrift umgegangen sind denn:

Eine Zweitschuldner-Verpflichtung wird behandelt wie eine Bürgschaft und davon ist dringend abzuraten, ganz egal wer Ihnen etwas Gegenteiliges sagen wird.Sie sollten für NIEMANDEN (auch nicht für ihre Kinder), eine Bürgschaft übernehmen, auch wenn Banken davon häufig eine Kreditvergabe abhängig machen, lassen Sie sich besser zu Alternativen informieren und tun Sie es nicht.

Eine Bürgschaft ist ein schuldrechtlicher Vertrag, zwischen dem Bürgen und dem Gläubiger, indem sich eine Person eben (der Bürge gegenüber dem Gläubiger) verpflichtet, für die Einlösung einer fremden Schuld (Verbindlichkeit), einzustehen. Der Umfang der Bürgschaft richtet sich, wenn nichts anderes vereinbart wurde, nach der Hauptschuld.

Ob es nun Zweitschuldner oder Bürgschaft genannt wird. Lassen Sie die Finger davon, in Ihrem eigenen Interesse.

KONTOPFÄNDUNG

Natürlich gibt es beim Thema Pfändung/Kontopfändung sehr viel zu erklären.

Eine Kontopfändung erfolgt über einen Pfändungsbeschluss der vom Gläubiger beim Amtsgericht beantragt wird.

Das Girokonto des Schuldners wird in diesem Fall von der kontoführenden Bank auf Antrag des Gläubigers gepfändet. Dieses ist meist die Wichtigste und häufig auch die erfolgreichste Art der Pfändung.
Aussichtslos ist eine Kontopfändung natürlich, wenn das Girokonto bereits überzogen wurde, erhebliche Vorpfändungen vorliegen, oder die Bank ihrerseits vorrangige Ansprüche gegen den Schuldner hat.

Natürlich ist jeder Schuldner darauf bedacht sich mit dem Gläubiger auf eine Ratenzahlung zu einigen, um diesen so schnell wie möglich wieder zur Freigabe des

Kontos zu bewegen. Denn zusätzlich zu den Schwierigkeiten mit Gläubiger und Bank erfolgt bei jeder Pfändung eine Meldung an die SCHUFA, welche dann auch noch die Kreditunwürdigkeit des Schuldners zur Folge hat.

Außer dem Girokonto können natürlich auch alle weiteren Forderungen wie z.b. Sparguthaben oder Sparkassenbriefe gepfändet werden.

PFÄNDUNGSSCHUTZ

Seit dem 1.07.2010 kann der Schuldner einen Kontopfändungsschutz in Höhe des monatlichen Pfändungsfreibetrages durch die Einrichtung eines Pfändungsschutzkontos gem. §850k ZPO erreichen.

LOHNPFÄNDUNG

Wie das Wort bereits sagt; ist dies die Pfändung des Arbeitseinkommens.

Dies ist sowohl für den Schuldner, als auch für den Arbeitgeber eine höchst unangenehme Pfändungsart. Meist verliert der Schuldner dadurch sein Ansehen beim Arbeitgeber. Der Arbeitgeber muss den pfändbaren Anteil des Arbeitseinkommens anhand der gültigen Pfändungstabelle an den Gläubiger abführen.

Bei Fragen kann der Arbeitgeber sich direkt an das Vollstreckungsgericht wenden. Die dem Arbeitgeber durch die Lohnpfändung entstehenden Kosten werden ihm von keiner Seite ersetzt.

Dies ist häufig der Grund, warum bei vielen Arbeitgebern eine Lohnpfändung zur Kündigung führt, auch wird das meist im Arbeitsvertrag ausgeführt.

Ich rate Ihnen dringend eine mögliche Lohnpfändung bei einem neuen Arbeitgeber nicht zu verschweigen. Denn sollten Sie die Frage einer möglichen Lohnpfändung verneinen und der Pfändungsbeschluss wird zugestellt, ist der Arbeitgeber berechtigt, Ihnen fristlos zu kündigen. Natürlich besteht in hohem Maß die Möglichkeit, dass Sie die Arbeitsstelle ohnehin nicht bekommen, wenn Sie ehrlich sind. Leider ist dies eine sehr traurige Spirale, denn was immer Sie tun, in Sachen Lohnpfändung sind Sie fast immer der Verlierer.

PFÄNDUNGSFREIGRENZE

Der Pfändungsfreibetrag bestimmt, in welcher Höhe eine Forderung eines Schuldners unpfändbar ist, um sein eigenes Existenzminimum zu sichern. Die genaue Höhe der Pfändungsfreigrenzen ergibt sich aus der Pfändungstabelle einer Anlage zu § 850c ZPO.

Dem Schuldner muss durch die Freigrenzen ein angemessener Teil seines Einkommens verbleiben, damit sichergestellt wird, dass nicht ein Anspruch auf Sozialleistungen entsteht, was wiederum die Allgemeinheit belasten würde. ALT (mindestens 989,99€) Grundfreibetrag ohne Unterhaltsverpflichtungen. NEU seit 1.7.2017 mindestens 1139,99 €. Ergänzung: Beim Pfändungsschutzkonto sind ab 1.7.2017 1133,80 € geschützt.

Der Gerichtsvollzieher darf nur das über der jeweiligen Pfändungsgrenze liegende Einkommen des Schuldners pfänden. Liegt das Einkommen unter der Pfändungsgrenze, ist das Arbeitseinkommen nicht pfändbar. Welche Pfändungsfreigrenze für den Schuldner gilt, ist abhängig davon, für wie viele Personen der Schuldner unterhaltspflichtig ist.

Wichtig!!

Einkommen aus Überstunden ist nur zu 50% pfändbar.
Urlaubsgeld ist überhaupt nicht pfändbar.
Weihnachtsgeld ist bis zur Hälfte des monatlichen Arbeitseinkommens unpfändbar, maximal aber bis zu 500 €.

Eine Reihe weiterer Einkunftsarten ist nicht oder nur unter besonderen Umständen pfändbar; z.B. Schmerzensgeldrenten oder Blindenzulagen. Arbeitslosengeld ist gegen alle Vernunft (da es meistens nicht besonders hoch ist, bis auf Ausnahmen) pfändbar. § 54 SGB.

Sollte dieses Thema auf Sie zukommen, möchte ich Sie dringend bitten, sich noch einmal ganz aktuell über evtl. neue Pfändungsfreigrenzen zu informieren.

Sowohl die Schuldenberatungsstellen, als auch die Gerichtsvollzieher, das Amtsgericht und natürlich Fachanwälte haben immer die aktuellen neuen Zahlen.

Die Pfändungsfreigrenze betragen für Unterhaltspflichtige ab 1.7.2017:

Keine Person 1.139,80€ (PR-Konto geschützt 1133,80 €)
Besteht Unterhaltspflicht, gibt es weitere Freibeträge:
Für die 1. Person: 426,71€
Für die 2.-5. Person: 273.73 €

Wie gesagt bitte um die aktuellen Zahlen bemühen, wenn es erst kürzlich, bzw. in Kürze auf Sie zukommt.

LEBENSVERSICHERUNG UND PFÄNDUNG

Die Ansprüche des Schuldners aus einer Kapitalbildenden Lebensversicherung können grundsätzlich gepfändet werden. Man spricht hier von Forderungspfändung.

PFÄNDUNGSSCHUTZ

Pfändungen aus sozialen Gründen unterliegen zahlreichen Einschränkungen.

z.B. Bei Sachpfändungen unterliegen viele Gegenstände besonderen Bestimmungen.

Sachen des tagtäglichen Gebrauchs. Wegen des stetig gestiegenen Lebensstandards in Deutschland gehören dazu sämtliche Geräte aus dem Radio- und TV-Bereich, die zur Informationsbeschaffung dienen. Videokameras und Videorecorder sind grundsätzlich pfändbar, allerdings selbst diese werden meist nicht vom Gerichtsvollzieher gepfändet, weil die zu erwartenden Veräußerungserlöse in der Regel nicht einmal die Kosten der Verwertung (bei Versteigerungen) decken würden.

Des Weiteren, Sachen die der Schuldner für die Fortsetzung seiner Erwerbstätigkeit benötigt, wie z.b., wenn er nicht arbeiten kann ohne Computer ist selbstverständlich der Computer nicht pfändbar.

Bei Forderungspfändungen unterliegt das Arbeitseinkommen ebenfalls besonderem Schutz.
Es ist zu beachten, dass grundsätzlich nur Nettobeträge gepfändet werden können. Bei der Frage nach der Höhe des pfändbaren Betrages sind Lohnsteuer und Sozialversicherungsabgaben nicht mitzurechnen.

Durch die immer wieder angehobenen Pfändungsfreigrenzen wurden die Möglichkeiten der Pfändung in Arbeitseinkommen bereits stark eingeschränkt.

PROZESSKOSTENHILFE

Unter Prozesskostenhilfe versteht man, das vorgesehene Recht auf einstweilige, oder dauernde, vollständige oder teilweise Befreiung von Prozesskosten, sofern der Prozess für die Partei hinreichende Aussicht auf Erfolg bietet.

Prozesskostenhilfe kann auf Antrag gewährt werden bei:

- Bürgerlichen Rechtstreitigkeiten
- Arbeitsrechtlichen Verfahren

nicht aber bei Strafverfahren.

Wenn ein Betroffener die Kosten für ein Gerichtsverfahren nicht oder nur in Raten aufbringen kann und dieses auch mit entsprechenden Unterlagen die Zahlungsunfähigkeit nachweisen kann, hat ein Antrag meistens gute Aussicht auf Erfolg.

Bei Gewährung sind die Betroffenen von Gerichtskosten, Anwaltskosten und Auslagenvorschüsse für evtl. Zeugen und Sachverständige befreit.

Verliert die Partei, die die Prozesskostenhilfe erhalten hat, so zahlt die Staatskasse zwar die Gerichtskosten und die eigenen Anwaltskosten.

Nicht aber die Kosten des gegnerischen Anwalts. Darauf wird der zuständige Anwalt Sie aufmerksam machen.

SOZIALLEISTUNGEN

Einige Anmerkungen noch zu Sozialleistungen.
Von den diversen Sozialleistungen ist die Sozialhilfe/Hartz IV. stets unpfändbar.
Dies ist auch der Grund, warum ich bereits ausführlich erklärt habe, dass SIE keine Ratenverträge unterschreiben sollten zur Schuldentilgung bei HARTZ IV, können Sie nicht verpflichtet werden, (auch wenn die Zinsen auf die ursprüngliche Schuld weiterläuft), es gibt in dieser speziellen Situation keine Pfändung.

Ansonsten richtet sich die Pfändbarkeit von Sozialleistungen im Wesentlichen danach, ob es sich um laufende oder einmalige Sozialleistungen handelt.

Laufende Sozialleistungen wie z.B. Renten- oder Arbeitslosengelder, sind wie Arbeitseinkommen pfändbar.
Ausnahmen: Erziehungs- und Mutterschaftsgeld.
Kindergeld ist nur wegen gesetzlicher Unterhaltsansprüche der Kinder pfändbar, so dass es dem Zugriff Dritter entzogen ist.

Auf einem Konto des Schuldners eingehende Sozialleistungen stehen bei einer Kontopfändung unter besonderem Pfändungsschutz. Der Schuldner kann 7 Tage lang über sie verfügen, ohne dass eine Pfändung greift. Erst danach greift eine Pfändung von überwiesenen Sozialleistungen.

Natürlich darf in diesem Zusammenhang die SCHUFA nicht unerwähnt bleiben.

Die SCHUFA ist die Schutzgemeinschaft von Unternehmen und Kreditinstituten zur Kreditsicherung in Deutschland. Sitz ist Wiesbaden.

UMFANGREICHES REGISTER

Gespeichert bei der Schufa werden Kreditinformationen, aufgeführt sind Besitzer von Girokonten, Vertragshandys, Leasingverträgen, Krediten und Kreditkarten.

MINUSPUNKTE

3 Jahre lang gespeichert bleiben geplatzte Kredite, Eidesstattliche Versicherungen und Privatinsolvenzen.

Nicht gespeichert werden dagegen Kontostand, Einkommen, Geldanlagen und Arbeitgeber.

UNGÜNSTIGE KONSTELLATIONEN

Des Weiteren können Kundendaten zur Bonitätsprüfung herangezogen werden, wie z.B. das Alter des Kunden, die Zahl seiner Kreditkarten, ebenso wie zurückgezogene Kreditanträge.

SCHULDNERVERZEICHNIS

Die Amtsgerichte führen jeweils für ihren Zuständigkeitsbereich das Schuldnerverzeichnis.

Betroffen sind Personen die: Eine eidesstattliche Versicherung abgegeben haben, oder, gegen die zur Abgabe der Eidesstattlichen Versicherung die Haft angeordnet worden ist.

Das Schuldnerverzeichnis dient im Wesentlichen dem Kreditgewerbe und den Unternehmen die Lieferantenkredite gewähren.

Den Betroffenen steht ein Löschungsanspruch zu, wenn er keine Schulden mehr hat oder spätestens 3 Jahre nach dem Ende des Jahres:

- in dem die eidesstattliche Erklärung abgegeben wurde

- die Haft angeordnet oder die sechsmonatige Haft-vollstreckung beendet wurde.
- Oder die 3 Jahre seit der Eintragung in das Schuldnerverzeichnis (wenn der Schuldner nachweislich alle Forderungen getilgt hat.

EIDESSTATTLICHE VERSICHERUNG

Das wohl traurigste Kapitel, dass Ihnen hoffentlich, Allen erspart bleibt, ist natürlich die" Eidesstattliche Versicherung".

Hier sollen die Vermögensverhältnisse des Schuldners offengelegt werden. Meist besteht ein Antrag des Gläubigers, abgegeben werden kann die Eidesstattliche Versicherung ausschl. beim Gerichtsvollzieher. Inkassounternehmen (und deren Mitarbeiter) sind dazu nicht befugt Voraussetzung für einen Antrag auf die Abgabe der Eidesstattlichen Versicherung ist:

- dass die Pfändung zu keiner vollständigen Bezahlung/Tilgung der Schuld
  geführt hat.
- der Betroffene bereits nachweislich überschuldet ist und seinen

Verpflichtungen nicht mehr nachkommen kann. (Dadurch können weitere Raten- oder Kreditverträge, auch Verbraucherkredite, in aller Regel vermieden werden).

- wenn der Schuldner wiederholt sich der versuchten Pfändung durch den Gerichtsvollzieher wiedersetzt, indem er nicht in seiner Wohnung angetroffen wird; obwohl er vom Gerichtsvollzieher nachweislich benachrichtigt wurde.

Erscheint der Schuldner zum Termin nicht, kann der Gläubiger einen Haftbefehl beantragen und den Gerichtsvollzieher nach Erlass desselbigen mit der Verhaftung des Schuldners beauftragen.

ÜBERSCHULDUNG

Man spricht von Überschuldung, wenn das monatliche Einkommen über einen lang anhaltenden Zeitraum nicht mehr ausreicht um die Lebenshaltungskosten, fällige Rechnungen, Raten, Kreditverträge, sowie die Existenzgrundlage zu sichern, dann spricht man von Überschuldung.

Das Überschuldungsproblem hat in den letzten 10 Jahren in Deutschland extrem zugenommen. Leider wird das Überschuldungsproblem von vielen Haushalten in diesem Land, politisch eher kleingeredet, denn mit dem

Ausbau des Niedriglohnsektors, Dumpinglöhnen und Minijobs, wird man diesem Problem wohl kaum begegnen können.

Bei der Aufnahme von Krediten, geht man selbstverständlich davon aus, dass man alle seine Verbindlichkeiten wieder zurückzahlen kann, allerdings gibt es Schicksalsschläge die dazu führen, dass die monatlichen Einnahmen sich so drastisch reduzieren, dass nicht nur der sog. Lebensstandard, sondern vor allem die Existenz gefährdet ist. Eine der häufigsten Ursachen ist natürlich der Arbeitsplatzverlust, Trennung und Scheidung, vor allem wenn die Kinder noch sehr klein sind und die Mutter nur Teilzeit oder gar nicht arbeiten kann.

Aber auch eine schwere Krankheit, Unfall oder Tod ist natürlich nicht kalkuliert bei der Aufnahme eines Kredites, einer Finanzierung, oder mehreren Ratenverträgen.

Hilfreich bei Aufnahme eines Kredites: Auch eventuell eintretende unvorhersehbare Zusatzausgaben, oder den Rückgang der Einnahmen, gründlich beleuchten und möglichst ein finanzielles Polster für evtl. eintretende Notlagen schaffen.
Auch hier einige Beispiele aus meiner Praxis:

Familie Mustermann kaufte eine Eigentumswohnung, hatten 1 Kind und das Teilzeitgehalt von Fr. Mustermann wurde mit in die Berechnung für die laufenden Kosten der Familie eingerechnet.

Es war durchaus gutes Eigenkapital vorhanden, allerdings entschieden sich die Mustermanns für eine extrem hochwertige Innenausstattung ihrer Wohnung, wie z.B. ein „Luxusbadezimmer" und eine sehr exklusive Markenküche, diese beiden nicht eingeplanten Summen vervielfachten die Kreditsumme um einiges. Die Argumentation der Familie war nachvollziehbar, aber unvernünftig, sie führen ja bis auf weiteres nicht mehr in den Urlaub, aber zuhause möchten wir es toll haben.

Passiert ist folgendes: Frau Mustermann bekam ein nicht eingeplantes 2 Kind, ihr Teilzeitgehalt fiel weg, die Kosten für ein 2. Kind sind nicht unerheblich und Herr Mustermann verlor seine Arbeit, hatte sofort wieder eine neue Tätigkeit gefunden, allerdings zu wesentlich schlechteren Konditionen (ca. 600,--€ Brutto im Monat).

Fazit: Plötzlich fehlten der Familie ca. 1000,--€ im Monat und die Kosten für das zweite Kind kamen noch dazu.

Frau XY unterschrieb alle Kreditverträge ihres Ehemannes mit, da ihr Mann sich selbstständig gemacht hat. Nicht nur, dass das Kleinunternehmen nach 3 Jahren pleite war, sondern die Ehe der Fam. XY wurde ebenfalls geschieden. Natürlich wandte sich die Bank auch an die geschiedene Ehefrau von Herrn XY, die schließlich bei der Kreditvergabe mit ihrer Unterschrift bekundete, dass sie ebenfalls an der Kreditrückführung mitarbeiten wird. In diesen Fällen ist es unerheblich für jede Bank oder andere Finanzierende, dass die private Situation der Fam. XY sich geändert hat. Frau XY wird definitiv mit bezahlen müssen.

Schlimm fand ich auch, als ich von Frau Z erfuhr, dass sie sich nie besonders um finanzielle Dinge gekümmert hat. Zuhause im Elternhaus kümmerten sich die Eltern ausschl. darum und brachten ihr nicht bei, mit Taschengeld vernünftig zu haushalten. Als Teenager erledigten ebenfalls die Eltern Rechnungen, die sie von ihrem Lehrlingsgehalt nicht bestreiten konnte, aber unbedingt Markensachen, Urlaube o.ä. finanzierte.

Später übernahm ihr Ehemann alle finanziellen Angelegenheiten (weil er der Meinung war, seine Frau versteht ohnehin nichts davon), allerdings war er selbst auch nicht unbedingt ein Profi in finanziellen Angelegenheiten. Irgendwelche Rechnungen blieben immer offen. Herr Z verunglückte schwer, konnte nur noch wenig arbeiten und Frau Z sah sich in der Lage mit fast 40 Jahren, mit überzogenen Konten, gekündigtem Dispo, zu wenig Ersparnissen und dem eigenen Unvermögen auseinander setzen zu müssen und nicht zuletzt, fast zu spät lernen zu müssen, nicht permanent mehr Geld auszugeben, als man einnimmt.

Häufig endet dieses TUN mit der Eidesstattlichen Versicherung, Sie gelten als nicht mehr kreditwürdig, viele verlieren durch Pfändungen auch noch ihre Arbeit und ihr Renommee' als unbescholtener Bürger.

Ich hoffe und wünsche Ihnen, dass dies alles niemals auf Sie zutrifft.

Schlusswort

Sie haben sich während des Lesens dieser Zeilen auf eine „Reise des Verstehens" begeben – und das ist gut für Sie, denn nur Verstehen kann auch zu sinnvollem und zielgerichtetem Handeln führen.

Ich wünsche Ihnen alles Gute, viel Mut und Entschlossenheit auf Ihrem ganz persönlichen Weg zu einem erfolgreichen Leben ohne finanzielle Schieflage.

Noch eine kleine Weisheit:

Pleite ist ein (hoffentlich) temporärer Zustand,
aber Armut (häufig) ein Dauerzustand,
weil   u.   U.   eine   Geisteshalt